壽司的歷史

從古代發酵魚到現代生魚片，
技術、食材與食譜的美味探索

Eric C. Rath 埃里克・拉斯——著
張雅億——譯

OISHII:
THE HISTORY OF
SUSHI

目錄

前言：何謂壽司？

壽司可說是有史以來最簡約的一道料理，但如今也變得複雜多元。一片魚肉放在飯上組成的握壽司，似乎沒有什麼比這個更單純的了。壽司卷（又稱為「海苔卷」）在過去也一樣簡單，只需用「干瓢」（即葫蘆乾）等普通食材，和飯一起捲成海苔卷即可。然而在今日，幾乎任何食材都能放進壽司卷內或鋪在上頭：炸蝦、奶油乳酪或午餐肉。壽司卷能做成「外翻」的形式，把飯包在最外層，有時也會裹上麵包粉油炸。壽司卷上可以放魚肉片、蝦肉片、酪梨片、炸洋蔥或天婦羅花，有時表面也會塗上不同顏色的醬汁。簡而言之，在過去曾是綠色圓柱狀的低脂食物，如今（在某些例子中）已演變成無固定形體的滴汁怪物，熱量、鈉含量和膽固醇都是麥當勞漢堡的兩倍。

對某些自稱正統派的人來說，這類壽司實驗或許看來創新又不道地，但古往今來的大廚們其實持續在改良壽司的作法。中國最早的壽司起源於六世紀，其米飯和魚肉是以橙皮和用穀類製成的「酒」進行調味。十八世紀的一本日本料理書提議以有毒日本河豚的皮或紙張，代替壽司卷的海苔——若是使用紙張，吃壽司前再將它丟棄即可。在北美，除了有經常被正統派嘲笑是「旁門左道」的加州卷外，也有其他的「本土」壽司，例如舊金山卷（以鮭魚、鮭魚卵、小黃瓜和新鮮羅勒製成）、拉斯維加斯卷（以蝦子、鰻魚和奶油乳酪製成）、德州卷（食材是酪梨、淡水鰻和多春魚卵，而作法當然是用炸的），以及費城卷（食材是酪梨、小黃瓜、煙燻鮭魚和奶油乳酪）。紐約、夏威夷、阿拉斯加和加拿大也都有自己專屬的壽司卷。舉例來說，紐約卷裡包的是煙燻牛肉。另外，還出現了將壽司卷巨大化的「壽司捲餅」。「壽司貝果」、「壽司漢堡」和「壽司披薩」則是以麵包取代米飯，將壽司卷重新建構成新的形態。在美洲以外的地區有布拉格卷：一種以醬油和啤酒醃過的鮪魚製成的握壽司，上面放有蘋果切片。壽司卷裹上日式麵包粉、炸成天婦羅後，再淋上辣醬增添風味，這樣的作法在南美洲很受歡迎。布拉提斯拉瓦卷（Bratislava roll）則含有培根、紅椒、蝦夷蔥和布林澤辣味羊乳酪（bryndza）。2010年，我在中國青海省大武鎮的一家西藏餐廳裡，意外發現菜單上有一道「韓式壽司」，結果是包了午餐肉的壽司卷。

就上述的所有壽司而言，儘管配料和內餡可能會變，但裡面全都有飯；然而在日本，有些種類的壽司卻完全不會用到飯。日本早期現代（early modern period，亦稱為江戶或德川時代，1600–1868 年）有數本料理書提供了無米壽司的作法：用製作豆腐時剩下的豆渣作為替代品。一旦大豆經加熱研磨成豆漿並製成豆腐後，剩餘的豆渣可切碎、油煎、調味，然後和切成細丁的蔬菜、牛蒡、菇類混合。1802 年出版的《名飯部類》指出豆渣必須先搗碎、用油快炒並以山椒調味，才能用來作為魚類料理的內餡。文中甚至建議魚肉若腥味太重，可先炙燒處理。從這篇食譜可以得知，「壽司」一詞不一定是指冷食，或是得趁魚肉新鮮時享用，也不見得會包含飯。事實上，在最古老的壽司食譜中，米飯（或其他穀類）多半會在用來發酵後被丟棄，不會拿來食用。

最早的壽司

雖然現今面對各種形形色色的壽司，實難斷定其共同點為何，不過，最早被稱為壽司的食物，並不是因為使用了魚或飯，而是因為它的味道。不僅如

豆渣壽司

《名飯部類》出版於1802年，內含三十三道壽司食譜，其中包括豆渣壽司的作法。在製作豆腐時，會先用煮過的大豆研磨製成豆漿。研磨後剩下的大豆則可炒成豆渣。豆渣中通常會加入切碎的蔬菜以製成沙拉。在下列食譜中，豆渣被用來代替米飯。文中雖未指明要使用哪種魚，但表示其作法是遵照鰡魚、銀鯧和白腹鯖的早期料理手法，因此這些應該就是可用的魚種。

魚的處理方式就和任何其他的魚類料理食譜一樣，只不過在這道料理中，豆渣會用來取代米飯。去除豆渣中的所有雜質後，將豆渣放入日式擂缽內搗碎，再用芝麻油慢煎。接著加入些許山椒粉，混合均勻後，將豆渣塞入魚腹內。有些人可能會覺得生魚味道太重，因此也可炙燒處理，這樣就能去除魚腥味。

此，壽司的味道有可能就是其日文名稱的由來。壽司的日文有幾種不同的寫法：可寫成平假名的すし，也可寫成漢字的寿司（這兩個漢字組在一起有「適當的規範」之意，不過在此純粹是取其讀音）。寿司（或其變化形「寿し」）二字的組合起源可追溯至早期現代時期，當時日本人將視覺與口語的雙關，發展成一種流行藝術形式。最早的壽司寫法「鮨」和「鮓」皆源自中國。「鮨」的讀音是ㄑㄧˊ。根據公元前三世紀的《爾雅》（中國最古老的詞典），其原意是一種用鹽和魚製成的發酵料理。「鮓」的讀音是ㄓㄚˇ。公元三世紀的《釋名》（中國第三古老的詞典）將之定義為保存於鹽米中的魚肉。由此可見，「鮨」和「鮓」都是使用了鹽和魚的發酵食物，而其相似之處最終導致作家們交替使用這兩個稱呼。後來到了公元三世紀，這兩個字被視為同義詞，用來表示一種用米飯和魚肉製成的發酵料理，而這種料理就是現今壽司的原型。根據日本最早的中日詞典（約編纂於公元900年），當這兩個中文字傳入日本時，日本人同樣也不加區別地將兩者皆讀作sushi。

然而日本人為何會稱這種料理為sushi呢？當日本人採用中國傳入的文字

時，通常會保留其原始的中文讀音，也會將這些中文字應用在既存的日文詞彙上，以創造出日文的解釋。根據一項最晚可能出自十七世紀末的假設，壽司的日文衍生自「酢」（日文讀音為sui）一字，意思是「酸味」。由於按照最古老的壽司食譜所做出的料理味道又酸又刺鼻，因此也為壽司原指酸味食物的說法，增添了可信度。事實上，前述壽司的古老中文寫法「鮓」，就是將「魚」和代表醋的「乍」組合在一起，用來表示「具有酸味的魚」。

現代的壽司也帶有微微的酸味，這是因為飯用醋調味過。醋在十七世紀成為製作壽司的材料，而大約在同一時期，日本的哲學家們也提出理論，認為壽司的日文是以其酸味命名而來。然而，現存最古老的壽司食譜（例如前述中國古代的壽司作法）並未使用醋，而是透過乳酸發酵的過程使壽司產生酸味。

由此可見有兩種壽司存在：第一種（也是最早的一種）是靠乳酸發酵產生酸味，第二種則是添加了醋而帶有微酸。這些是主要的兩種壽司類別，而壽司的歷史，就如同本書所述，可從古老的乳酸發酵作法是如何轉變成其他技巧的應用（例如醋的運用）說起。換句話說，壽司已從一種利用發酵醃製魚肉（和其他動物蛋白質）的保存方式，演進為一種單純以醋飯搭配魚肉的料理手法。

以醋調味和以乳酸發酵的壽司都需要用到米（或其他穀類），但用法不同。以醋調味（通常也會用到鹽和糖）的米飯，對握壽司和壽司卷的味道及口感，發揮著關鍵的作用。醋飯能襯托魚肉，使魚肉變得更美味。有些壽司專家甚至會以醋飯調製得是否得宜，作為評斷壽司餐廳品質的主要依據。相形之下，在乳酸發酵的壽司中，米飯的主要功能是作為發酵的媒介，味道倒是其次。米飯中所含的澱粉會分解成葡萄糖，而乳酸菌代謝葡萄糖後產生的乳酸，會使食物產生變化。首先，乳酸具有防腐作用，會降低易腐食物的酸鹼值，並抑制微生物的生長，進而防止微生物造成疾病的發生或污染最終的產品。其次，乳酸會產生酸味，例如優格的酸味就是乳酸發酵所致。最後，乳酸發酵會將動物或魚肉中的蛋白質分解成胺基酸。而這個過程若持續得夠久，也會使骨頭軟化到可吃的地步。相較於使用醋的壽司，乳酸發酵的壽司在製作上更耗時。不過，使用醋的壽司最好在完成後就立即食用。有些乳酸發酵的壽司可能會耗時兩年或更久的時間，以達到最佳風味。鮒壽司就是其中的一種，雖然能在數個月內製作完成，但花費三年或五年發酵的成品，特別受到壽司迷的青睞。

鮒壽司

在仰賴乳酸發酵的日本壽司中，最重要的一種就是鮒壽司。鮒壽司是用淡水溪流和湖泊（例如滋賀縣的琵琶湖）中的鯽魚（鮒魚）製作而成。料理的要點可從滋賀縣長濱市杉本家族的家傳食譜中得知。雖然他們的食譜使用現代食材，但杉本家族世世代代都是琵琶湖的漁夫。

似五郎鮒（學名 *Carassius auratus grandoculis*）是琵琶湖的原生種鯽魚，也是用來製作鮒壽司的首選魚類。其魚身約為一個手掌的長度。這篇食譜特別指明要用鹽漬鮒，也就是在當地用鹽醃製的似五郎鮒。食譜中的備註說明提到

鮒壽司

5公斤（11磅）用鹽醃製的似五郎鮒（鹽漬鮒）
6.3公升（26¼杯）煮好放涼的飯

洗去魚身上的鹽分。用鋼刷磨擦魚身，就像是要替魚拋光般刮除其鱗片，接著把魚徹底洗淨。將魚靜置數小時以瀝乾水分。在有蓋的桶內（例如用來醃製食物的那種桶子）鋪兩層塑膠袋，然後把飯和魚放入袋子裡。先封住一個袋子，再封住另一個。用塑膠繩纏繞桶身（以施加壓力），並蓋上浮蓋。在蓋子上放一塊重石。

鹽漬鮒可向魚販購買，也可自行在家醃製。作法是先將魚卵以外的內臟全部清除，接著在魚身上撒鹽，再把魚裝進加了更多鹽的桶子內醃數個月。桶子的大小不等：容量12公斤（26½磅）的桶子直徑為39公分（15英吋），高度為30公分（12英吋）。如同這篇食譜所述，桶子的浮蓋要蓋在醃製物上，而非掛在桶子側邊，且蓋子上要放一塊重石，目的是要封住桶子，並施力讓蓋子下壓，以擠出所有的水分。流出的任何液體都要清除乾淨，因為鹽漬的目的就是要除去魚肉中的水分。若是在四月以鹽醃製剛捕獲的新鮮鯽魚（那段時期的鯽魚魚卵豐厚），那麼到了七月中時，魚肉就會完全熟成，可用來製作鮓壽司。七月中到八月中被視為製作鮓壽司的最佳時期，因為這段期間天氣溫暖，魚也已經醃製完成。若將醃製桶置於陽光充足的地方，那麼三個月後，壽司就能食用了。

這篇食譜示範的是乾式發酵版的鮓壽司。大多數的食譜會要求在醃製桶內加水，因為水能隔絕空氣，防止氧氣和發酵物交互作用，使厭氧的乳酸發酵過程不會受到抑制。上述的食譜則是以塑膠袋代替水來封住正在發酵的食材，而這麼做應能使鮓壽司在發酵時，不會產生惡臭味。鮓壽司的食譜還能有許多其他的變化，例如鹽的用量、米的種類、煮米的溫度，以及熟成的時間。如同稍早前所提到的，鮓壽司中的米飯通常不會拿來食用，而且在經過發酵後，米飯的質地會變得像粥一般黏稠。儘管如此，還是有一部分的人會吃這些米飯。有些鮓壽司的食譜會要求在發酵過程中替換米飯，使味道變得較為可口。十九世紀初的一篇鮒壽司食譜建議這道料理的最佳享用方式，是把那些用來發酵的米飯丟掉，然後用剛煮好放涼的新鮮米飯代替。

上述食譜是使用了塑膠袋和醃製桶的現代改良版。儘管經常有人主張鮒壽司是日本最古老的一種壽司，但我們仍無法假定現今採用的其他鮒壽司食譜，會比上面這篇食譜還要正統。乳酸發酵的壽司在日本古代就已存在，而且在中國甚至有更早的先例，然而過去數個世紀以來，鮒壽司的食譜已有相當大幅的改變。根據壽司學者日比也光敏所述，現代的鮒壽司食譜僅有約兩百年的歷史。如今，鮒壽司會在夏季製作，且發酵時間不是長達數年就是數月。但在1689年出版、作者不詳的料理書《合類日用料理抄》中，有一篇食譜顯示這道因近江國（滋賀縣的舊稱）而出名的料理，在當時的作法與現今截然不同。《合類日用料理抄》中的這篇食譜指出鮒壽司應使用冬季新鮮的魚來製作，而不是採用現今習慣的作法在夏季用鹽醃魚。當中所使用的糙糯米也很值得注意，因為《合類日用料理抄》中的其他食譜皆使用白米。學者們一致認為現今的鮒壽司儘管可能像古代的壽司那樣採用乳酸發酵，但相較於古代、中古時期或早期現代，按照現代的食譜所做出的成品大不相同。若比較不同歷史時期的食譜，就能看出，即便是號稱最「古老」的壽司種類，也不會停留在某一刻，而是會隨時間演進，並且能從歷史記錄中追尋其發展軌跡。

近江國的鮒壽司

魚的發酵作業要在冬季中旬進行。手執魚鰓，將內臟從此處移除，並將魚頭壓平。在托盤上放大量的鹽，將魚的兩面向鹽緊壓。用鹽包覆住魚身後，就能開始製作壽司。糙糯米蒸熟放涼，接著拌入些許鹽調味。將魚和大量的米飯裝入〔醃製桶內〕。〔放一塊重石在浮蓋上〕，確保從一開始就施予極大的壓力，但二十天後，重量應該要減輕，就如同一般壽司食譜的作法。若七十天後一切順利，壽司就能無限期保存。到了明年夏季和秋季，風味會達到最佳狀態，魚骨也會軟化。要移動壽司時，先將重石移開，並將蓋子上的水倒掉，然後重新調整桶內米飯和魚的形狀，再將蓋子和重石放回去；米飯和魚要再次用水覆蓋，就和之前的作法一樣。

如今在供應鮒壽司時，魚會橫切成銀色薄片，並交疊在內餡的米飯上，以重新排列出魚的形狀：魚尾在一端，魚頭在另一端。母的鯽魚通常比公的貴，因為牠們的體內有滿滿的橘色魚卵。發酵過程會使魚肉縮小成數公釐的厚度。如果沒有魚卵，鯽魚大約會是一片火腿或薩拉米臘腸（salami）的厚度。

鮒壽司

某些早期現代的壽司食譜會使用清酒、麴或醋加快發酵過程，而以此方式製作的壽司被稱為「魚飯壽司」（見第二章）。下列這篇出自《料理塩梅集》（1668年出版）的食譜所提供的作法，是使用較老的清酒或／和醋進行發酵，用量則是依據廚師預計完成鮒壽司的時間而加以調整。老清酒並非陳年清酒，而是顯露出酒齡、卻沒有完全變質的清酒。這種壽司作法的好處是能節省時間，將製作鮒壽司所需的數月壓縮至數天。儘管壽司本身並未完全發酵，但卻能使米飯變得更美味。

將1.8公升（7½杯）較老的清酒和540毫升（2¼杯）的鹽一起煮沸。如果你想在二或三天內吃到壽司，就添加180毫升（¾杯）的醋。如果你打算將壽司放置五到六天，就一定要加醋。用平常的方式煮米，但少加點水。米飯放涼後，拌入鹽和清酒的混合液。鹹度應該要比用來吃的米飯還要鹹。鯽魚要確實擦乾，然後用鹽醃製，靜置一陣子使其水分散失。迅速將魚洗淨，不要讓魚浸泡在水中。結合所有食材，把米飯塞入魚內。使用的米飯要適量。如果你打算將壽司放置（在醃製桶內）五或六天，米飯就要鹹一點。當你將桶內的壽司壓緊時，最初的兩小時要用較輕的石頭，接著再逐漸增加重量。在冬天，醃製約十天後，就能移開蓋子（並將壽司取出享用）。但如果你想做出發酵味較輕的壽司，那麼在冬天醃製五到六天就夠了。較大的鯽魚需要較長的等待時間。

鮒壽司散發出藍紋起司的氣味，但魚肉的前味和口感很像帕爾瑪火腿（prosciutto）或薩拉米臘腸，箇中差異取決於切片的厚度。醃製肉品的味道很快就會被口腔後方產生的酸味蓋過，而且通常會引發作嘔的生理反應。當我在吃鮒壽司時，口中襲來的酸勁，會令我忍不住噘嘴和別過頭去。飯是鮒壽司最酸的部分，質地令人聯想到煮爛冷卻後的小米，形狀和味道皆未保留米飯的特色，也因此大多數的人都不會想吃。把鮒壽司當成一餐，會讓人覺得不太滿足。儘管鮒壽司的愛好者甚至會用魚頭泡一下熱茶，再將它吃下肚，但獨自嘗試吃完一整條魚，確實是一大挑戰。鮒壽司是我吃過最酸的食物，那種酸味直到隔天都還會停留在我的嘴裡，就像宿醉後逆流的膽汁。

假如乳酸發酵的壽司是現存唯一的壽司種類，那麼壽司就只會是一道怪奇料理，而不會成為日本飲食文化的代表性美食。2015 年的一份網路調查訪問了 1000 人，年齡在二十歲到五十九歲之間，結果發現將近 85% 的男性和 89% 的女性喜歡吃壽司，但只有 5.9% 的人吃過鮒壽司。在受訪者吃過的壽司中，最受歡迎的反而是便利商店和超市賣的壽司（約 43.3% 的人表示他們每個月都會去這類地點購買壽司）。而這些熱門壽司，當然就是現今在全球被公認為「壽司」的那些種類：握壽司和壽司卷。美食評論家克雷格・克萊本（Craig Claiborne）在1968年宣告壽司是日本的「國民美食」時，他所描述的正是握壽司：「一口份量的各式新鮮生魚和海鮮，緊壓在以醋稍加調味的冷飯上」。五十年後握壽司和壽司卷在日本內外依舊是壽司的同義詞。然而，它們只是壽司的其中兩個種類，而且相較於乳酸發酵的壽司在中國和日本的悠長歷史，這兩者都是相對晚近的創新變化。

追溯壽司歷史的挑戰

追溯壽司歷史的過程備具挑戰，不論是普遍或學術的英語記述都含有錯誤。人們甚至對稍微早於五十年前在美國發生的事情，都缺乏共識，例如最早的加州卷何時發明，以及第一家洛杉磯餐廳何時在壽司吧台裝設食材展示櫃。最常被引用的壽司相關英語書籍是薩沙・伊森伯格（Sasha Issenberg）、西奧多·貝斯特（Theodore Bestor）和特雷弗·科森（Trevor Corson）的著作。記者伊森伯格以壽司的貨源和人氣為切入點，探討其全球化的現象，並追蹤一隻大西洋的藍鰭鮪魚，最後出現在東京築地市場的過程。人類學家貝斯特提供了栩栩如生的側寫，描繪築地市場從1923年到2018年搬遷為止的風貌——在這段期間，該地一直都是日本漁產與食品貿易的經濟樞紐，以及供觀光客瀏覽攤位和觀賞鮪魚拍賣的熱門景點。科森則在一間加州的壽司廚藝學校生動講述其研究過程。我很清楚這些著述一直以來的重要性，而在寫這本書時，儘管我做出了一些必要的修正，但還是將重點擺在尚未被人傳述的壽司歷史上。

食譜不會透露壽司的完整歷史。況且在日本，不同壽司的名稱在最早的食譜被記錄下來的數個世紀前，就已經出現。因此，我們無法確定最古老的壽司究竟是如何製作而成。料理書最早是從早期現代時期開始收錄食譜，但我們無法假定這些食譜記錄了當時那個時代（或更早之前）製作壽司的確切手法。食譜是食物料理手法的規範，而不是實際烹調與食用方式的精準記述。另外值得一提的是，早期現代的日本料理書是為男性讀者群所寫，包括業餘廚師與單純想要間接探索烹飪樂趣的人。早期現代的料理書寫作風格通常類似於虛構小說，當中的食譜和整套菜單，幾乎很少有讀者能在現實生活中重現。大部分的早期現代料理書都著重於特殊場合的菜餚，只有非常少數會教導新手廚師如何煮米或準備傳統的日常菜色，例如漬物。而如同漬物，壽司最初也是醃製食物，並且在日本現代化前，可能就已出現在宴會上，但不是作為主菜而是配菜。由於壽司過於普通，在十九世紀前並未被當成一道佳餚。即使握壽司在今日被視為日本壽司的代表和飲食文化的象徵，但也無法保證會出現在早期現代的食譜集中，因為它在當時被視為街頭小吃——一種可隨意享用的便宜零食。

那麼，到底什麼是壽司？

雖然偶爾會有人宣稱某種形式的壽司是某個人的發明，但壽司並不是單獨一人的創作，而是代表了全世界最重要的無名美食。壽司之所以被稱為美食，並不是因為其料理方式具有全國性、地區性或地方性，而是因為它提供了超越國界的各種創作和食材運用方式。壽司或許會令人聯想到日本（日本的政府和非政府機構持續努力將壽司塑造成「日本所有物」），但卻從來都不是日本獨有的料理。在今日，任何人都能製作自己的壽司卷，放入自己喜歡的任何食材，若是想要，甚至也可以拿去油炸。

壽司雖然不是日本的發明，但這本書（致力於釐清壽司悠久又多元的歷史）所介紹的新穎壽司，許多都是由不知名的日本廚師們協助創造而來。壽司或許是日本的代表性美食，但在歷史上並非日本各地都存在著壽司。沒有證據顯示在明治時代（1868–1912 年）以前，生活在北海道的愛努族曾製作壽司；也沒有證據顯示在進入現代以前，壽司曾是沖繩傳統飲食文化的一部分。壽司是一種非常簡單的食物，卻經常受到異國化，也因此我們需要謹慎詳盡地闡述壽司的起源、發展及未來可能的變化。

在過去的一千多年來，日本人發展出無數形式的壽司，而壽司也已成為日本飲食的代名詞，因此藉由參考日本的文獻以追溯壽司的歷史，是很合理的作法。不過這麼做會面臨一個難題，那就是第一篇完整的日本壽司食譜，事實上是在壽司一詞在日本被使用了約八百年後才出現。

最早的壽司食譜使用的是淡水魚，例如鯉魚。但在今日的壽司餐廳裡，可以看到令人眼花撩亂的豐富漁產和海鮮。壽司師傅目黑秀信在一本介紹壽司製作技巧的百科全書中，列出了被稱為tane（タネ，握壽司食材）的45種魚類和29種海鮮配料。壽司學者大川智彥也列出了類似的清單，上面有86種海洋食材。吃壽司的樂趣一部分是來自魚類和海鮮的選項眾多，不論是自己點餐，還是請師傅搭配，都能樂在其中。要吃什麼取決於價格、地點和季節性，但一般來說，綜合握壽司可能會包括蝦子、章魚、玉子燒、魷魚、鮭魚、鮪魚、鰻魚、比目魚和其他選項。晚餐或午餐的握壽司定食則通常會包含一個壽司卷。如同稍早所述，醃漬或新鮮的蔬菜、蛋和其他食材也能被組合成各種壽司卷。如今，食用壽司和生魚片時，都會搭配一點醬油。這種吃法在1800年代開始變得普遍，因為醬油在當時成為了較重要的調味品。某些壽司餐廳會提供顧客大量的辛辣綠山葵醬。現今大部分的山葵醬都是用較廉價的辣根或山葵葉製成，而不是像較高級的壽司餐廳那樣用昂貴的山葵根研磨而成。在那類餐廳裡，師傅可能會為了限制用量，而直接將少量山葵醬添加在特定的壽司上。將一坨山葵醬填入醬油碟中，和醬油一起攪拌成泥狀，再用來沾浸壽司，這種作法被視為大忌，因為不但會破壞魚肉的微妙風味，也會稀釋山葵的味道。醃漬的薑片（稱為生薑或醃薑）是另一種受歡迎的壽司配料。用鹽梅製成的梅汁所醃漬的薑片味道清爽，能在品嘗下一個美味壽司前，用來清潔味蕾。山葵醬和醃薑片據說都有抗菌特性，能預防食物中毒。

握壽司和壽司卷已被納入全球烹飪詞彙中，因此在本書中不會以斜體字呈現。其他的日語詞彙首次出現時會以斜體字標示，其中與壽司相關的最重要詞彙則能在詞彙表中找到。如同所有的日語字詞，壽司可以是單數，也可以是複數。在日語的複合詞中，sushi（壽司）的 s 會變成 z 的發音，因此壽司卷會讀作 makizushi，而不是 makisushi（雖然有時也會出現 maki sushi 和 nigiri sushi 這樣的說法）。

本書所涵蓋的食譜有助於記錄壽司的歷史發展與多樣化。現代化之前的食譜通常會省略重要步驟，這可能是因為作者認為壽司師傅知道要怎麼做，也可能是因為這些食譜被當成一種用來閱讀的文學形式，而不是真的要用來實作。但不論是哪種情況，這些食譜都展現出美食作家在過去數世紀中對壽司的諸多想像。那些確實納入計量單位的食譜（許多都沒有）偏好以容積而非重量作為依據，例如傳統的單位「升」（sho，相當於1.8公升或1.9夸脫）或「合」（go，相當於180毫升或6盎司）。在日本販賣的獨特清酒瓶有一升瓶，也就是十合加起來的容量。我將這些傳統的度量單位換算成公升和美規量杯，後者就等於8美制液量盎司。雖然我沒有足夠的衝勁或材料去測試這些古老的食譜，但我所創作的散壽司、柿葉壽司和秋刀魚壽司食譜，即使是在堪薩斯州的鄉下也能做得出來，而且成品通常都相當美味（oishii）。

我不僅身為研究日本飲食文化的歷史學家，年紀也大到足以見證壽司在80年代的蓬勃發展，以及接續從高檔美食演變到現今無所不在的過程。對於壽司的種種進化，我深感驚奇。壽司的歷史本身就已相當引人入勝，但我們也能從它的故事，了解到食物在發展成熟、晉升為全球化美食的過程中，是如何蛻變，以滿足持續增長的顧客需求與渴望。幾乎沒有其他食物能和壽司一樣靈活應變、屹立不搖和豐富多元。

第一章

追尋

壽司的起源

壽司就和許多食物一樣缺乏有形遺物，因此無法留存於考古記錄中。換句話說，最早的壽司歷史必須透過文字記載，才能加以追溯。而最古老的文字記載則來自中國。不幸的是，在用來代表「壽司」的中文字首次被使用的數百年後，中國最早的壽司食譜才出現，以致人們對於最早的壽司實際上長什麼樣子，開始產生疑問。在日本也一樣，最早提到壽司的文獻幾乎沒有描述壽司的作法。

為了填補這些資訊上的空缺，日本的壽司歷史學家專注於追查壽司的關鍵食材是如何集結起來，並合理地假設最早用穀物和鹽發酵魚的人，想必能就近取得這些食材。考慮到現今的壽司幾乎只用白米製作，加上米飯長久以來和日本的文明社會息息相關，因此日本學者著眼於水田或旱田等米食農業的發展地點，將之視為壽司的誕生地，從而追尋到了東南亞。日本學者將壽司和米飯劃上等號，也使得他們能夠解釋壽司來到日本的原因和時機，因為他們認為壽司是隨著水稻田農業傳播而來，而水稻田農業就他們看來是日本飲食與社會的核心。然而，近期的考古證據與歷史研究不僅修正了稻米抵達日本的時序，也澄清稻米是在開始栽種於日本的數千年後，才成為日本人口的主食。因此，雖然稻米具有相當重要的象徵意義，也曾被用來作為一種繳稅的貨幣，但最早要到早期現代（1600–1868

年），稻米才成為大多數日本人的主食。有鑒於此，在仔細檢視中國與日本最早的壽司相關記載後，我們不得不質疑「壽司一定以米飯作為基本材料」的這項假設是否正確，尤其是因為米飯也有可能只被當成一種乳酸發酵的媒介（因而無須食用）。擴充壽司的定義，使其包含那些用米飯以外的穀物所製作的食物，這麼做不僅能提高壽司在日本古代有更多人食用的機率（米飯在當時大多數人的飲食中只佔了一小部分），也能將製作過程視為定義壽司的優先條件，而非將「壽司」侷限為只用某些特定食材所製作的食物。本章將檢視相關證據，以協助我們從歷史記載上了解最古老的壽司為何。

最早提及壽司的中國史料

壽司最初是一種發酵食物。中國周朝（約公元前 1046–256 年）的記載曾提到發酵與醃製的肉類和魚類，但一直要到漢朝（公元前 206– 公元 220 年）早期，這些食物才受到廣泛食用。如今用來表示壽司的中國文字「鮨」和「鮓」，

醃魚（鮓）

這篇食譜出自六世紀中葉編纂的《齊民要術》（最早的中國農業手冊），是最古老的壽司製作指南。除了年代最久遠外，這也是目前為止在前現代的史料文獻中，針對如何利用乳酸發酵製作壽司，說明得最詳細的一篇食譜。

準備一尾新鮮的鯉魚，體型愈大愈好……去除鱗片後，將魚切成約5英吋長、1英吋寬和0.5英吋厚的片狀。每切好一片，就放入裝了水的盆內浸泡，以清除魚片上的血。所有的魚肉都切好並清洗完成後，瀝乾水分，放回換了水的盆內，再次清洗和瀝乾水分。將魚片放在盤上，加入白鹽均勻混合，然後移至竹簍上。將竹簍放在水平的石板上，使魚片的水分能夠排掉。我們將醃製魚肉的鹽稱為「逐水鹽」，因為它被魚肉吸收的同時會將其水分排出。若魚肉的水分沒有徹底排盡，鮓就無法存放許久。將魚肉放著排水一整晚，也不會有問題。排水完成後，烤一片魚肉用來測試鹹度。若不夠鹹，就多加一點鹽到糝〔飯粒狀的澱粉基質〕裡。若太鹹，則無須加鹽。將作為發酵媒介的澱粉基質適當地塗抹在魚肉上後，鋪一層鹽在其上。

此處的澱粉基質是使用烹煮後的非糯性米。煮好的飯應該要偏硬，不宜太軟。飯若太軟，醃魚會較容易腐壞。在飯裡加入完整的茱萸籽、橙皮細末和些許上好的酒，充分混合。這些香料的作用是增添香氣，因此只需少量即可。若無法取得橙皮，可用草橘籽代替。酒〔即清酒〕能預防汙染，也能提升鮓的美味程度，加速其熟成。通常每一斗（10公升或42杯）的魚片要用到半升〔1公升或4 1/5杯〕的酒。

將魚片層層排放在甕內。放完一排魚片後，接著放一排澱粉基質，重複此一步驟，直到甕內放滿為止……最後，削一些竹條，交叉編織成蓋子，用來蓋住甕口。若無法取得竹條，就用刺藤削成的藤條代替。把甕放在屋內，不要曬到太陽或置於爐火旁，因為這麼做會導致魚肉腐敗走味。天冷時，用大量的稻草包覆甕身，使其不致結凍。若有紅色液體滲到稻草上，就將稻草丟棄。若有淺色液體產生，且嘗起來酸酸的，就表示魚已醃製完成。上菜前，用手把魚肉撕成小片。用刀切會使魚肉產生腥味。

最初指的其實是不同的食物。

源自公元前三世紀、最古老的中國詞典《爾雅》，將「鮨」定義為用鹽保存的魚。而寫成於約公元 200 年、第三古老的詞典《釋名》，則表示「鮓」是「用鹽和米發酵的醃製食物」。由於鮓的製作材料包括米，因此比鮨更接近壽司。儘管如此，另一本編纂於約 230 年的詞典《廣雅》，在其對《爾雅》的評註中宣稱兩字同義，都是指用米醃製的魚。雖然壽司並不總是用米（或魚）製作，但自從《廣雅》在三世紀問世後，這兩個字在中國和日本都被用來指稱壽司。

上述這篇《齊民要術》中的壽司食譜指示讀者要將新鮮的鯉魚洗淨切片，然後用鹽醃製以去除魚肉中的水分，使其能長期保存。鹽漬的魚肉脫水完成後，會加進煮好的飯裡，而飯本身也有加鹽。從此處開始，這篇食譜的作法偏離了日本的乳酸發酵壽司食譜，因為它指示讀者要添加調味料，並明確指定要加茱萸籽、橙皮和某種被稱為「草橘籽」的食材。同一篇食譜亦提到茱萸籽可用來與蔥、薑一起泡茶，以增添風味。茱萸有可能是指一種名為四照花（學名為 *Cornus kousa*）的樹木。這種樹會長出可食用的紅色莓果，據說帶有一種苦味，令人聯想到芒果。其種子則過於堅硬，不能食用。另一個可能是茱萸其實是指食茱萸（學名為 *Zanthoxylum ailanthoides*），一種多刺的梣木，種子味道類似日本山椒。從這些食材可以知道，這道壽司不是帶有果香，就是帶有微微的辛香，能用來襯托壽司整體因乳酸發酵而產生的酸味。

除了辛香料外，這篇出自《齊民要術》的食譜也要求讀者醃魚時要加酒，以提升風味和加速發酵。這裡的「酒」其實是以小米或米製成，味道類似日本清酒或啤酒，而不是葡萄酒。同一篇食譜也提供了用米和小米製作38種不同酒類的指南。製作壽司時使用清酒或製作清酒所剩的米（兩者皆能加速製程），這種作法在早期現代的日本變得更加普遍，但日本人從史前時代開始就很喜歡發酵飲品，因此他們有可能在當時就已像中國人那樣，實驗性地在壽司裡加了這些酒類。

早期的中國壽司食譜有一個顯著的特色，那就是會把壽司當成燉煮料理的食材。《齊民要術》有四篇將醃魚加入燉煮料理中的食譜，其中一篇是濃湯食譜，名稱取自漢朝的一個故事，內容講述一位廚師從君王的五位親戚那裡收集到肉和魚，並用這些食材製作出一道湯品。

五侯鯖

將醃魚和肉放在砧板上切末。加水煮沸。以此作為高湯基底。

壽司在中國一直是相對受歡迎的料理，直到十八世紀，口味的喜好和保存食物的方式改變，情況才有所不同。在那之後，醃魚食譜只在地方上流傳，特別是在中國的西南方。至於在韓國，最早提及壽司的文獻則可追溯到1500年。

儘管前述的壽司食譜指明要用非糯性米，但《齊民要術》中的其他壽司食譜對於要用哪種穀類，就沒有那麼明確的指示了。在該書的八篇壽司食譜中，有五篇指明要用米，但通常未清楚說明其碾磨程度。當時所用的米顏色應該比現今為人熟悉的白米要深上許多。其中一篇食譜要求使用「漬米」，這應該是指浸泡過水的米。另外兩篇食譜則要求使用蒸過的小米飯和白飯，但後者不見得是指白米，也可能是指生長在旱田的米，或是單一穀物，例如沒有混入其他穀物的小米。小米是中國北方的主食，而《齊民要術》的作者也生活在北方。小米壽司的食譜如下：

醃魚的製法

將魚切塊後，用鹽醃製；在靜置一餐的時間後，清除所有分泌出來的水分。將魚洗淨後，用蒸過的小米包覆。不要加鹽。

對某些正統派人士而言，小米壽司或許看似邪門歪道，但在乳酸發酵壽司的製程中，任何一種穀類的功能都是為發酵作用提供燃料。煮過的小米所含的碳水化合物和煮過的糙米幾乎一樣多，換句話說，兩者在乳酸發酵作用中一樣有效力。

然而，由於日本的壽司歷史學家認為在壽司起源與壽司如何傳入日本的理論中，稻米農業扮演著關鍵的角色，因此他們往往會忽略掉一個可能，那就是《齊民要術》中的壽司食譜也可以不用米飯製作。

稻米農業與假定的壽司起源

儘管最早提及壽司的文獻出自中國，但日本的壽司歷史學家認為東南亞才是壽司的誕生地。《壽司之書》（すしの本，*The Book of Sushi*）的作者篠田統（Shinoda Osamu）注意到中國古代並沒有壽司，於是推測壽司可能是在二世紀前的某個時間點，從東南亞引進到中國。篠田認為，居住在中國東南亞丘陵地帶的部族是壽司的「發明者」，但著名的飲食學者石下直道（Ishige Naomichi）指出，在泰國東北部與寮國實施稻田農業的社群才是壽司的創始人。石下的結論奠基於他在這些地區進行的人種誌研究，以及他認為壽司起源自可取得魚肉米飯之地的假設（他將魚肉和米飯視為製作壽司不可或缺的食材）。事實上，根據石下所述，最早用來製作壽司的魚類，就是飼養在稻田裡的那些魚。篠田和石下都同意壽司隨著稻田農業傳入日本的時間，大約是在公元前300年，也就是一度被多數人認可為彌生時代（公元前300–公元300年）起點的那一年。石下長久以來堅稱稻米是日本文明中最重要的一環，因此他認為壽司隨著稻米傳入的這項假設，不僅將壽司定義為「米食」，也使壽司在日本的（飲食）文化認同中佔有重要地位。儘管這些學者承認用米以外的其他食材（例如粟米〔awa〕或里芋〔satoimo〕）所製作的壽司確實存在，但他們認為在壽司的歷史中，這些壽司種類的影響力並不大。而這樣的看法不僅改變了他們對壽司的定義，也削弱了他們在解釋壽司如何傳入日本時的可信度。

在篠田和石下的研究後，新的考古發現將稻米傳入日本的時間，從大約公元前300年向前推進到公元前1000或2000年。不僅如此，許多歷史學家皆採納了一個更重要的結論，那就是一直到十七世紀為止，在日本大多數人的飲食中，稻米仍舊只佔了一小部分，並且僅提供約25%的食物熱量。農村人口在前現代的日本已開始種植稻米，但目的是用來繳稅。儘管其他不會用來繳稅的糧食，對普通平民而言是更重要的飲食來源，但留存下來的大量徵稅記錄卻往往忽略掉這些糧食，而特別聚焦於稻田農業所帶來的收入。農村人口用稻米付稅後，會在燒墾（slash-and-burn，或稱「火耕」）的山坡上，搜尋與種植非稻穀類。日本有四分之三的土地因多山而不適合發展稻田農業，但蕎麥和各類小米等燒墾作物，能在傾斜達30度的山坡上生長。此外，當日本古代的文獻提及壽司時，通常都是在進貢的情境中將之視為貢品，而這就和中央政府在徵稅時，人民以稻米代替貨幣支付的情況相同。由此可見，用米做成的壽司在古代應該是上層人士才能享用的貴重食物。

然而，我們不該忽略一點，那就是壽司也可能用米以外的其他穀類做成。如此一來，壽司就會變得較容易製作，也較多人食用。小米比稻米更早傳入日本，起源時間可追溯到新石器時代（公元前10000–2000／1000年）。雖然日本古代的文獻並未詳細記載可能曾用來製作壽司的所有食材，但還是提到了一些實例，顯示出早期現代的岐阜縣、德島縣和高知縣山區居民會用粟米製作壽司。在1920和30年代，有關飲食習慣的人種誌調查發現用非米穀類製成的壽司有數種。青森縣的七戶町以粟米壽司聞名。和歌山縣的數種地方壽司除了用米製作外，還會使用小麥。在德島市，稻米會和日本稗混用，但在滋賀縣的部分地區，稻米若不夠用，則會用大麥補足。雖然我們無法證實這些「傳統」形式的非米製壽司在日本古代是否存在，但在二十世紀初的這幾十年間，這些壽司持續留存在日本的飲食文化中，這樣的情況暗示著將壽司一概視為「米食」並不正確，尤其因為在乳酸發酵的壽司中，米飯通常不會拿來食用。此外，在思考壽司何時和如何傳入日本時，將非米製壽司納入考量，也會開創出新的可能。

無米壽司

儘管現代學者將壽司和米飯連結在一起，但這樣的關聯在早期現代並不存在。在流傳於日本的壽司起源故事中，至少就有一則間接表示壽司不需用任何穀物製作，且最早發明壽司的並非人類。日本料理書《名飯部類》出版於1802年，當中所描述的魚鷹壽司（osprey sushi），就是海鳥為了用最基本的材料保存魚類而做出的一種壽司。

魚鷹壽司是和泉國（現今大阪府所在地）岸和田藩的名產，有些人說這也是一種進獻貢品。但這並不是人類的產物。有一種名為魚鷹的

> 鳥，在冬天食物耗盡時，會捕捉各種魚類，將之儲藏在水岸的沙中和岩石間。為了防止其他鳥類奪食，魚鷹會尿在魚上，而魚則會因為鹽水以及暴露在雨和惡劣天氣中而發酵。無人能確定這則故事是否屬實。據說魚鷹壽司所用的是未成熟的鯔魚。

《名飯部類》的作者杉野權右衛門（Sugino Gonuemon）是一位京都的醫生，但他的書和醫學專論幾乎扯不上關係，而是匯整了各種穀類料理的作法，也就是教人把蔬菜、豆類或魚類加入飯和粥內的食譜。學者們將《名飯部類》列為所謂的「百珍」（意思是一百種作法）料理書之一，因為這本書向早期現代的讀者展現了如何以各種不同的方式，烹調豆腐、海鯛或甘藷等單一食材。

《名飯部類》中包含三十三篇壽司食譜，在前現代的烹飪著述中是最龐大的壽司食譜選集，而魚鷹壽司的故事就出現在該書的尾末。壽司食譜皆收錄在這本料理書的最後，而且作者似乎不太想要將這些食譜放入書中。他在簡短的幾行字中，提到壽司較偏向街頭小吃，而不是在家中製作的料理：

多虧了鎮上的魚販和開店的壽司師傅，壽司已變得廣為人知。因此，除了列出壽司名稱和提及其作法，為那些對壽司一無所知的人提供一些指引外，我實在沒有理由在此寫到有關壽司的事。

杉野的食譜有時很簡短扼要。早期現代的烹飪論述都有這個共通點，因為這些著作的作者皆為男性，目標讀者群則是原本就善於烹飪的專業廚師，或是將料理工作指派給下人、自己無實際經驗的美食家。在杉野寫書的年代，壽司正逐漸開始接近其現代的樣貌，壽司餐廳和小吃攤也都在日本最大的城市中營業，但他的最後一篇食譜（其實只能算是一則記錄）卻獻給了上述的魚鷹壽司。

這篇「食譜」有一個值得注意的特點，那就是杉野提到了味道。許多早期現代的料理書在敘述任一料理的作法時，皆未做到這點。杉野回憶起他吃魚鷹壽司的經驗：

我嘗了一些和泉國的友人所贈送的魚鷹壽司，雖然並不特別美味，但卻有其獨特的魅力。我想是因為這種壽司帶有某種特別的風味。不過，魚鷹壽司很難取得，因為都用來送給美食鑑賞家，或是與友人共享。我無法常吃，所以已經忘了它的滋味。

杉野認為魚鷹壽司味道獨特，但並非令人印象深刻。喜多村信節（Kitamura Nobuyo，1783–1856 年）在 1830 年出版的隨筆集《嬉遊笑覽》中，也提到了魚鷹壽司的故事，並補充說道「其味道與人類做的壽司相似」。這兩位作者皆未提到魚肉和尿的味道相似，也未意識到矛盾的是，就算人類認為魚鷹壽司是美食佳餚，創造出這種壽司的魚鷹也不會吃，除非壽司是牠們自己做的。魚鷹壽司比較不像是一則壽司起源的故事，或甚至是對鳥類生態的精準描繪，反而比較像是敘述某種無穀壽司從何而來的有趣荒誕故事。

雖然可能有人認為魚鷹壽司只是個古怪的故事，不過確實有魚類料理不靠米飯就能自行發酵，且散發出強烈的胺基酸氣味（也就是尿液的味道）。而這可能表示，同樣形式的壽司也曾存在於日本。洪魚膾來自韓國西南部的全羅道，是一種以鰩魚製成的料理。鰩魚在發酵過程中所釋放的尿酸，除了能延長其保存時間外，也會散發出強烈的尿味。將鰩魚清洗乾淨，接著儲藏在稻草堆中，二十到三十天內就會自然發酵完成。洪魚膾通常會製成生魚片，搭配豬肉和泡菜一起食用。另一種自行發酵的魚類料理距離日本更為遙遠，那就是冰島的發酵鯊魚肉（hákarl）。其作法是將鯊魚肉切塊後，埋在海濱的砂礫坑內。海水會沖洗埋在坑內的鯊魚肉。鯊魚肉生吃有毒，但經海水洗滌後，會轉變為肉質柔軟、氮味刺鼻的醃製食品。魚鷹壽司的故事有可能是杜撰的，目的是藉由故事中帶有尿味的不知名發酵魚類，來解釋醃製鰩魚（一種已不存在於日本的「壽司」）為何具有特殊氣味。

日本古代的壽司

壽司傳入日本的時間或許仍是個謎，然而從數筆文獻資料可以得知，壽司首次出現在歷史記載上的時間是公元八世紀。根據這些資料所述，壽司是進獻給日本宮廷的貢品。而在這些參考文獻中，最古老的是公元718年編纂的法典《養老律令》，當中提到了貽貝壽司、鮑魚壽司以及「綜合」壽司——後者可能是用貽貝和鮑魚或其他食材製成。在東大寺收藏的資料中，有一份源自公元737年的文件，上面記錄著以「綜合壽司」支付建築與伐木工人的一筆款項。考古學家也挖掘到用來標示貨物的木簡（mokkan），起源時間可追溯到公元八世紀。這些木簡顯示出貨運的壽司種類繁多，包括海鯛、貽貝、香魚、鮭魚和鮑魚。從這些來自八世紀的參考資料可看出，壽司是依魚或海鮮的種類來作區分，而不是依使用的穀物來分類。另外也可得知，壽司在當時那個年代被視為奢侈品，因此能用來作為進獻給宮廷的貢品，或是支付給工匠的酬勞。

關於壽司的進獻用途，《延喜式》所提供的資訊最清楚。這一部有關法制和儀禮的條文書完成於公元927年，使我們得以藉此了解日本朝廷的運作方式。《延喜式》提到不同種類的壽司，以及生產這些壽司的令制國。濱海的若狹國（現今的福井縣）和三河國（愛知縣）輸出的是以貝類製成的壽司，包括鮑魚、海鞘和貽貝。位置較內陸或以河川聞名的地區，像是美濃國（岐阜縣南部）、肥後國（熊本縣）和筑前國（熊本縣），供應的是以淡水魚類製成的壽司，例如香魚和鯽魚。至於地勢多山的伊賀國（三重縣）、紀伊國（和歌山縣）和豐前國（福岡縣），運送的則是以野豬肉和鹿肉製成的壽司。在這些地點中，有些距離京都御所的路程約三周，但有些只有一或兩天，這顯示出製作壽司的原因不單純是為了保存食物，而是為了創造奢侈品。

雖然關於古代壽司的製作方法，仍有許多尚待釐清的疑問，但還是可從《延喜式》中搜集到相關資訊。《延喜式》列出了各式各樣的古代壽司：除了「綜合壽司」外，還包括以鮑魚、香魚（ayu）、鯽魚、貽貝、鹿肉、野豬肉、鮭魚、海鞘、沙丁魚和海鞘混合貽貝製成的壽司。《延喜式》中有一份壽司食材清單，當中敘述製作10份「綜合魚肉壽司」要用到1份白米和1.3份鹽，因此壽司歷史學家推斷所有種類的古代壽司皆採用乳酸發酵。大多數的壽司學者為彌補日本史料的不足，而引用《齊民要術》中的中國醃魚食譜。然而，在日本的圖書館中，提及壽司的日文參考文獻比提及該篇食譜的論述要早了三個世紀出現。況且，能有機會讀取那篇中國食譜，並不代表就會應用當中的知識。中日兩國之間存在著地理與文化差異，以致在日本，農業方面的行政與法律論述完全沒有提到任何中國的農業類著作。因此，《齊民要術》中的醃魚作法有可能從未在日本受到運用。

《延喜式》也提到了「甜壽司」（amazushi），因此有人提出假設，認為壽司的製作材料可能也包含麴：一種用來接種黴菌的穀物，能促使澱粉轉化為糖分，藉以促進發酵。麴是釀造清酒的關鍵原料。根據十七世紀末（1697年出版）的藥理學典籍《本朝食鑑》所述，「甜壽司」的定義是用麴製作的壽司。用麴釀造的清酒在八世紀的《播磨國風土記》中已有所描述，但用麴製作壽司的最早記錄卻是出自早期現代時期。

關於壽司在日本古代的製作方式和普遍程度，仍存在著種種疑問。《今昔物語集》是十二世紀的佛教倫理故事集，當中提到壽司除了用來進貢外，在日本首都也是街頭攤販兜售的商品。不過，該書中有一則「遇見酒醉販婦之人」的故事，明白告誡讀者不要向可疑的人購買壽司。

根據這則故事所述，一名男子在朋友家附近下馬時，看見一名女販醉倒在巷子對面的一戶人家門前。她身旁有個木桶，裡面裝著她的貨物。當男子離開朋友家時，又見到了這名婦人。他目睹了婦人嘔吐在木桶裡的情景，並瞥見桶內有香魚壽司。這名婦人發現有人看見她吐在壽司上，便迅速將手伸進桶子裡，把嘔吐物和壽司攪和在一起。男子為眼前所見震驚不已，於是匆忙離去。故事進行到這裡，敘事者突然打岔表達了自己的看法：

仔細想想，香魚壽司的外觀其實和嘔吐物非常相似，因此有些不知情的人肯定不會發現這名婦人做了什麼，也肯定會把壽司給吃下肚。這就是為什麼目睹了那一幕的男子，從此再也不敢吃香魚壽司。不只是外面賣的，就連家裡做的他也不吃。當這件事情傳開後，聽聞此事的人會說「香魚壽司不能吃」，並對此小心提防。此後他們在吃飯的地方看到香魚壽司時，大概會感到震驚作嘔，起身衝出門外吧。

總而言之，市場或女販賣的任何東西肯定都不乾淨。如同這則故事所示，即便是有錢人，也應該只吃那些在他們眼前準備的食物。

《今昔物語集》雖然沒說所有的壽司都不衛生，但確實指出香魚壽司酸酸的氣味和味道令人聯想到嘔吐物，甚至暗示壽司本身有可能就是嘔吐物。假設香魚壽司是以乳酸發酵的方式製成，那麼壽司中的米飯就會像粥那樣，氣味和質地都類似嘔吐物。乳酸壽司的酸味很像膽汁——曾因宿醉吐到沒東西可吐的人，應該都很熟悉這個味道。這種種的聯想使人們情願自己在家製作壽司，而這則故事也暗示聰明的人早就這麼做了。壽司或其他產品的商品化趨勢，雖然是這則故事最終想要提醒讀者要提防的現象，但也因此被記錄了下來。

於是，到了十二世紀日本古代的尾末，壽司演變成為了一種商品，不僅在市場上販售，也出現在上流人士的宴會桌上。壽司以乳酸發酵製成的說法看來很可能屬實，但能否被歸類為米食，就沒那麼確定了。在中古時期的壽司食譜中，米飯和壽司的關聯會變得較為緊密，而這點會在下一章加以探討。

第二章

中古時期的壽司

關於中國與日本古代的壽司，其中一個未解的疑問是只用米飯製作的壽司有幾種，用小米等其他穀類製作的壽司又有幾種。不過，就中古時期的日本而言（也就是從十二世紀晚期到十六世紀的這段期間），米飯的使用情況較容易查證。中古時期的文獻顯示有新的壽司種類出現，那就是米飯用來和魚肉一起食用的壽司。換句話說，在中古時期，人們並不只會把米飯或其他的單一穀類當成壽司的發酵媒介，使其變得像發臭的粥一般，甚至被《今昔物語集》裡那篇故事的作者比喻為嘔吐物，最後遭捨棄不吃。事實上，由於發酵的時間縮短了，以致壽司中的米飯也變得較為可口。因此，儘管用非米穀類製作的壽司仍作為在地美食而留存至今，不過在中古時期，壽司已從醃製食品逐漸轉變為米飯和魚肉相互襯托的料理。可惜的是，關於此一壽司製作手法的轉變，我們無法從現存的文獻中找到完整詳細的資訊。

在間接提及壽司的文獻中，包含用來作為皇室武將宴席指南的中古時期烹飪著作。而在這尚存的七本著作中，有一本是源自1489年、作者不詳的《四條流庖丁書》。該書指出壽司就相當於香魚的代名詞，但同時又表示其他食材也可用來製作壽司。根據這些中古時期的烹飪著作所述，壽司在宴席上並不常見，就算被放進菜色中，也不帶有特別的意義。其他的記載則顯示中古時期的壽司種類繁多，其中有些是以蔬菜來代替魚肉。

然而，撰寫這些著作的廚師也為壽司的發展，帶來了其他間接但長久的貢獻。他們被稱為「庖丁人」（hochonin），也就是從十四世紀起專門服侍京都上流人士的廚師。由於距離京都最近的海港位於若狹灣，走路要超過一天才到得了，以致庖丁人無法以新鮮的海鮮創作精緻的宴會菜色。於是他們改為展現出料理中最重要的元素，並針對特定食物的提供方式與對象，制定複雜的規則。刀工精湛是庖丁人的另一項特色。他們會在宴會上特別舉辦的切肉儀式中大展身手，將野禽和魚類切割修整成雕像。這些雕像不是用來吃的，而是用來帶給賓客視覺上的娛樂。他們的片肉技巧同樣也展現在他們所呈獻的食物上，特別是魚肉料理，其中包括他們稱為「刺身」的中古時期創新產物。

米飯壽司

中古時期的人為何會開始吃發酵壽司中的米飯呢？我們應該要記住一點，那就是米在過去是一種進獻貢品，而且在仰賴進口硬幣和以物易物（而非在國內鑄造貨幣）的經濟體制中，也被當成貨幣來使用，因而強化了米作為交易媒介的價值。由此可知，捨棄壽司中的米飯會很浪費，而光是這個原因，可能就會讓某些人在米飯因發酵而變酸前，嘗試將它吃下肚。此外，由於稻米產量在十四世紀也有所提升，因此先前以其他穀類製作壽司的人，現在可能有更多機會能取得稻米，並用它來製作壽司。

未經歷完全乳酸發酵的壽司被稱為「生熟壽司」（namanare，意思是「新鮮熟成的壽司」）。這個名詞最早出現在十五世紀日本武將蜷川親元（Ninagawa Chikamoto，1433–1488 年）的日記裡。「熟壽司」（narezushi，意思是「完全發酵的壽司」）則如同上一章所述，僅仰賴鹽和穀類進行乳酸發酵。在早期現代，某些生熟壽司的食譜會要求使用清酒或醋來加速發酵。然而在中古時期，「生熟壽司」中的米飯或穀類是用來吃的，而且會在壽司完全發酵前被拿來食用。換句話說，生熟壽司將會在數周之內製作完成，而不是數月或數年。

由於生熟壽司是在未完全發酵時就被拿來食用，因此少了熟壽司的強勁酸味。在和歌山縣，濱海的新宮市以香魚、鯖魚和秋刀魚製成的生熟壽司聞名。秋刀魚在11月和12月會沿著和歌山的海岸移動。將捕獲的秋刀魚清理乾淨並用鹽醃漬一個月後，就能用來製成生熟壽司。鹽漬好的魚會先經過沖洗，然後塞入米飯，再和更多的米飯一起放進醃製桶內。接著廚師會鋪一層葉子，再鋪另一層魚和米到桶內。桶蓋以重物壓住，一個月內壽司就會製作完成。秋刀魚生熟壽司在食用前會先分切，且切好的壽司會排放在一起，以重現魚的完整形狀。儘管米飯吃起來有煮過頭的口感，但魚肉和米飯皆保留了其原始風味。米飯帶有溫和的切達起司後味。魚肉則完全不鹹，因此能以添加了少許七味粉（shichimi togarashi）的醬油作為沾醬。

新鮮熟成（生熟）壽司

日本中古時期的「新鮮熟成（生熟）壽司」食譜縮短了發酵時間。下列食譜是早期現代的版本，出自《料理綱目調味抄》。這本料理書出版於1730年，作者是嘯夕軒宗堅（Shōsekiken Sōken）。

將魚去骨洗淨。可使用鯽魚和白腹鯖等魚類，或是〔體型較小〕約20公分〔8英吋〕的鯔魚。用大量的陳年清酒淹過魚身表面；靜置一夜；接著將魚取出瀝乾。將鹽米塞入魚肚。用包裹甜點的那種竹葉把魚包好後，排放在桶內。將鹽米壓入〔魚之間的〕縫隙內，蓋上加重的蓋子。若時值春天，壽司會在三到四天內發酵完成；若時值夏天，則會在兩天內完成。

一夜壽司

將一尾香魚清理乾淨後，把鹽加得比平常還多的煮熟穀物塞入魚身內。用竹葉把魚包好，然後在戶外生火。用火烘烤竹葉包，接著用蘆葦纏繞二至三次。將竹葉包置於火源上方，再放一塊重石穩固地壓於其上。亦可將竹葉包牢牢地綁在柱狀物上。除非是使用鹽漬過的魚，否則魚會在一夜間發酵完成。

最早的生熟壽司食譜出自1643年的《料理物語》。這是日本第一本印刷料理書，出版於早期現代時期的第一個世紀，內容講述十五和十六世紀的中古時期口味偏好。在這本書中，生熟壽司的食譜被稱為「一夜壽司」。不同於食譜指示的是，魚實際上不會「在一夜間發酵完成」，但其風味肯定會滲入米飯內。這篇食譜的作法是藉由高溫和壓力複製生熟壽司的美味。

稍早所援引的中古時期武將日記《親元日記》，除了是「生熟壽司」一詞最早的出處外，當中也提到了「木屑壽司」（又稱為「杮壽司」

木屑壽司

鮭魚切成大片。
將魚片排放在鹽米上，從上往下壓緊。

〔kokerazushi〕），一種在米飯上擺放著魚片的壽司。在《料理物語》所收錄的兩篇壽司食譜中，第二篇就是木屑壽司的食譜。

如同生熟壽司的食譜，這也是一道鮮魚搭配米飯的美味料理。木屑壽司不是醃製食品，而且似乎是散壽司（chirashizushi）的前身，因為散壽司的特色是將各種食材混合後擺放在醋飯上。此外，將魚片緊壓在鹽米上的指示，顯示出木屑壽司也是箱壽司（hakozushi）的先驅，因為箱壽司的作法是將壽司配料一起放入有蓋的箱子裡，然後加蓋施壓以塑形。握壽司是早期現代的創新產物，只需要用手將魚肉輕壓在飯上。而此處的木屑壽司食譜可能也採取同樣的作法，因為當中並未提及其他的製作工具。

柿葉壽司

（二人份）

柿葉壽司（kakinohazushi）是一種箱壽司，而箱壽司則是從本章所提到的中古時期木屑壽司發展而來。柿葉壽司是奈良縣當地的特產，傳統上以鯖魚製成。在日本，許多不同種類的樹葉都曾用於包裹食物，以便保存、攜帶和增添微妙風味。柿葉不會影響壽司本身的味道，但由於富含多酚，因此有助於保存魚肉。此外，柿葉也能防止米飯乾掉。

柿葉壽司的生產商會用鹽醃漬柿葉，如此一來就能儲存一整年的供給量。這篇食譜使用的是從野生美國柿樹採收的新鮮柿葉。柿葉在蒸過和煎過後，也能用來泡出好喝的茶。收集野生柿葉時，務必要確定其產區未受汙染。

這篇食譜需要用到一個壽司壓箱。我用的是小型木製長方形壓箱，附有分離式木蓋和可拆式底座，尺寸為9×4×2英吋（23×10×5公分）。你也可以使用不同的容器，只要有辦法將壽司壓緊但不要完全壓扁，並能順利將壽司移出容器即可。

1杯（240毫升）煮好的短粳米
2小匙醋（米醋或蘋果醋尤佳）
1小匙糖
½小匙鹽
3盎司（85公克）或1小包煙燻鮭魚
6到10大片柿葉，或足以用來包裹壽司的柿葉數量

在一個大碗內混合醋、糖和鹽。煮好的米飯趁熱移到同一大碗內，輕輕拌勻。靜置30分鐘，使飯冷卻至室溫。把飯捏成小橢圓形，就像是在做握壽司一般，並在每一塊飯上放一片薄薄的鮭魚。用柿葉包裹住壽司，然後放入木

箱內。重複此一步驟，直到放滿為止。闔上移動式木蓋，並在上方放一重物。（大顆的哈密瓜或鳳梨很好用）。緊壓30分鐘至1小時。

呈盤時可將柿葉拆開，把壽司放在柿葉上，也可直接讓壽司包在柿葉內。柿葉雖富含維生素C，但不宜拿來食用。

除了上述這些創新產物外，中古時期的文獻還提到多種製作壽司的食材。專司皇室家務的女官匯整了1477年到1600年間的歷史記錄。在這些記錄中，壽司被提及了204次，且種類繁多，包括鯛魚、鰻魚、鯽魚、香魚，以及用茄子和竹筍做的蔬菜壽司。十六世紀晚期的《多聞院日記》（多聞院為奈良興福寺的分支）則提到用白蘿蔔、茄子和茗荷製成的壽司。但在這些記錄和其他中古時期的文獻中，並未看到經常出現在古代著述中的鮑魚、海鞘、貽貝、鹿肉和野豬肉壽司。兔肉、鹿肉、野豬肉甚至熊肉壽司一直到二十世紀，都還存在於日本的某些地區，然而在中古時期上層階級的餐桌上，似乎變得愈來愈少見，原因是這些上流人士較偏好野禽和魚類。總而言之，中古時期的文獻雖然顯示出某些階級的人能取得種類多樣的壽司，但關於壽司的製作方式與普遍程度，卻未留下太多線索。

庖丁人的技術

現代的壽司仰賴廚師的手藝：廚師必須能以正確的方式切魚，並以美觀的方式呈現料理。切肉和呈盤在中古時期成了公認的藝術形式。廚師確切地說就是「刀工精湛的匠人」（庖丁人），負責為精心策畫的宴席做準備，包括為高階武士與貴族同時呈上多個盛裝料理的托盤。依據用餐者的地位，每個托盤內會有一道熱或冷的湯品和一些配菜：例如炙烤野禽或魚類、淋上醋醬的食物以及燉煮料理等等。主食托盤會置於用餐者的正前方，內含米飯、漬物、鹽等調味料和筷子。此外，依據賓客的階級，還會有二、四、六或更多個額外的托盤，陳列在主食托盤的兩側與後方。

在這類宴席中，許多料理皆富含象徵意義，不僅能當成辨識賓客階級的線索，也能充分展現廚師在烹飪上的權威地位。就算是一片魚鰭，如果擺放在淺盤上，就可能代表極大的凶兆。在《四條流庖丁書》中，有關於呈盤時如何擺放臀鰭（魚身底部靠近尾巴的鰭）的詳細說明。

長久以來大家都知道，臀鰭是最受珍重的一種魚鰭。臀鰭有許多稱呼，但值得注意的是，它在四條流中被稱為「貴族鰭」或「柏葉鰭」。臀鰭的擺盤規矩僅傳授給四條流中的極少數人，且必須維持秘而不宣。將貴族鰭或柏葉鰭擺放在餐點上時，必須極其謹慎。用餐者為天皇、鎌倉或京都的將軍們以及攝政王時，應以相同的方式供餐。一片小小的魚鰭也許看似無關緊要，但其代表的意義大大取決於呈盤的方式。若將魚鰭放在不適當的位置，就會帶有冒犯之意。因此，儘管詳細的規矩僅限於口耳傳授，但還是要參考相關的文字記述。不論如何，臀鰭都要用手拿著吃，而且必須全部吃完。選擇不吃，並將臀鰭推到盤邊不予理會，這樣的行為並不合乎禮儀。呈盤時要相當注意臀鰭的陳列方式，因此呈盤的人必須心無雜念。在這樣的情況下，當客人在享用如此講究的餐點時，應該要說「我不配領受」，藉以向主人表達感謝之意。不過在今日，已無人像過去那樣謹守如此高標準的禮節了。除了我等四條流的廚師外，甚至也已無人知曉臀鰭的正確吃法。如今，提供給人們的食物實在太多，以致這成了他們唯一會感謝的事。諸如此類的情況，正是導致這門藝術逐漸式微的原因。

或許這位不知名的作者寫《四條流庖丁書》的動機，就是為了防止這些供餐的規矩消失。一方面，記錄這類知識有助於保存文化，使這門學問能傳承給經過挑選的學徒。另一方面，這位作者藉由證實較高階的教學只能靠口語傳授，從而確保了文本的權威性只會提升廚師本身的威信——這在中古時期有關飲食與其他學科的秘傳著作中，是很常見的策略。如同其他的中古時期表演藝術，庖丁人組成了各有所好與風格的流派，並將這些流派特色記錄在專門為入派成員所寫的秘傳烹飪著作中。其中有數個流派通過世系追溯到的祖先聲名顯赫。舉例來說，四條流宣稱他們的世系源自九世紀的藤原北家，即當時占主要統治地位的王族。

在許多宴席中，都會出現不可食用的廚藝展示品。這些展示品相當於法國的甜點塔（pièces montées），即一種以紡紗糖和牛軋糖製成的雕塑品，可見於法國名廚馬利－安東．卡瑞蒙（Marie-Antoine Carême，1784–1833 年）所制定的法國烹飪經典（grande cuisine）中。但庖丁人使用的不是紡紗糖和牛軋糖，而是用龍蝦做出船的形狀，將鶺頭放在圓茄內，以及把羽毛黏回煮過的野禽身上，並調整其姿勢，使牠們看起來就像會飛走似的。關於後者，1573 年的《料理之書》提供了指南，說明如何展示獵鷹捕獲的鳥類。廚師會藉由這種陳列野禽的方式，讓賓客注意到其雇主（也就是宴會主人）的狩獵技術。

> 展示風格會隨著四季變化。在春夏時，要將鳥的頭部向上豎直，使牠看似隨時會飛走。在秋冬時，要將鳥的頭部向下低垂，使牠看似偶然著陸。

雖然這些用來展示的野禽肉會煮熟，但依照慣例不會拿來食用。用來吃的部分只有眼睛。

庖丁人也會在隆重的刀具供奉儀式（稱為「庖丁式」〔hōchō shiki〕或「式庖丁」〔shikibōchō〕）上展現其技術，將魚或野禽分切並組成生肉雕塑。此一儀式採宴席表演的形式，現場會有一小群觀眾能見證廚師手持長刀與金屬筷，展現其高超的分切技巧。食用動物的肉也具有阻擋惡業之意，因為這個儀式的目的是要解放魚或野禽的靈魂，將之送往極樂世界，藉以免除賓客因食用其肉所招致的因果報應。

當庖丁人轉而專注於宴會的準備工作時，他們總是會納入一道被稱為「鱠」（namasu）的菜色，作法是用切片的魚肉加醋調味。根據《四條流庖丁書》所述，鱠在宴席中必須擺放在顯眼的位置，因此在陳列出多個料理托盤的宴席中，鱠總是被放在主食托盤內。《庖丁聞書》是出自十六世紀下葉的烹飪專著，當中提供了十篇鱠的食譜，包括將白蘿蔔泥放在魚肉片上的「雪鱠」、作法相同但以薑泥代替白蘿蔔泥的「薑鱠」，以及將香魚排列在柳葉上以象徵小船的「筏鱠」。根據十八世紀詩集《萬葉集》的敘述，鹿肝在古代也被用來製成鱠，但用生獸肉製作的鱠是否曾出現在中古時期的宴席中，這點無從得知。

刺身

鱠是用切片的魚肉搭配其他食材製成，但若只提供切片的魚肉，這樣的料理就稱為「刺身」。刺身一詞最早出現在1448年，但那很可能不是日本人首次吃生魚的時間。從考古挖掘出的十八世紀茅坑中，可以發現有鯉魚和鯽魚帶來的寄生蟲，這表示那些魚在拿來食用前並沒有先煮過。刺身一詞很可能衍生自「切身」（kirimi，意思是「切魚」），但「切」這個字在日本帶有負面涵義，因此便另外創造出「お造り」（otsukuri，意思是「創造」）這個較委婉的說法，用來和刺身一起代替切身。

刺身最初出現在一本日記中，隔年在《四条流庖丁書》中也能看到這個詞彙。《四条流庖丁書》針對不同種類的刺身，列出了供餐時的特殊規矩。舉例來說，鯊魚刺身有特殊的魚鰭擺法，用來和其他魚類作為區別：

> 用鯊魚（fuka，日文漢字為「鱶」）製作刺身時，務必要將鯊魚鰭豎立起來。鯊魚鰭在過去有個特別的稱呼，叫作「灰髮」。在四條流的食物製備手法中，其他魚類的魚鰭皆不得以此方式擺放。其中特別是鱸魚的魚鰭，如此陳列實為不妥。有鑒於現今以此方式供應鱸魚並不合宜，若以相同方式展示鯉魚和鯽魚等較次等的魚類，更是不成體統。

「鱶」指的是大型鯊魚，因此以不同方式展示其刺身，是為了讓賓客注意到眼前的料理非比尋常。鯊魚刺身必須要非常新鮮，因為鯊魚肉一旦被切開，就會散發出類似氨的刺鼻氣味。而這正是鯊魚一般不會生食的原因，即便是在今日也是如此。不過，中古時期的鯊魚刺身有可能是一種自然發酵的食物，類似於韓國的洪魚膾，也就是在日本被稱為魚鷹壽司的無米壽司。

鯊魚刺身值得特別關注的另一個原因是鯊魚來自大海。《四條流庖丁書》認為海水魚比淡水魚上等，不過鯉魚和鯽魚是例外，因為該書作者認為牠們比大多數的海水魚都還要高級。這本烹飪專著指出鯉魚和鯛魚刺身呈盤時，底下要先鋪一層絲柏葉。此外，在供應鯛魚刺身時，應將其尾部切成三或五塊，並搭配水煮內臟一併呈上——這顯然是四條流特有的作法。這些不同的刺身呈盤方式皆能作為視覺線索，讓用餐者一眼就能分辨出供應的是哪種魚。雉雞等鳥類也能被製成刺身，不過《四條流庖丁書》建議在夏天時，肉片要先用水煮過，接著用手撕碎，再搭配水蓼（tade）醋一起享用。《料理之書》中的鯊魚刺身食譜也有類似的指示，當中建議廚師用滾水煮肉，使肉變得更顯色。《四條流庖丁書》偏好將不同種類的刺身分開供應，而《料理之書》則指示讀者將兩種不同的刺身疊成小堆，擺放在同一個盤子上，並搭配兩種適合該季節的醋製沾醬。

中古時期偏好用醋製的醬料搭配刺身，這點特別值得關注。《四條流庖丁書》推薦用山葵醋搭配鯉魚、用生薑醋搭配鯛魚、用水蓼醋搭配鱸魚、用胡椒醋搭配鯊魚和鰩魚，以及用味噌醋搭配比目魚。除了這些沾醬外，書中還提到四條流有一個特色，那就是會用一碟鹽和些許山葵醬搭配刺身。《料理之書》提醒廚師要審慎考慮該選用哪種醬料，並提到口語傳授相關要點有其必要。醬油則要到十九世紀初變得更廣泛應用在一般料理上，並取代味噌成為都會區最受歡迎的調味品後，才演變為搭配刺身的首選醬料。到了那時，在能夠迅速取得新鮮魚貨和醬油的地區，食用刺身的人也變得更多了。

庖丁人所擅長的另一道料理有可能是卷壽司的前身；就算不是，至少也表現出類似的靈感。即便到了今日，昆布有時仍會被應用在不同的地方壽司食譜中。舉例來說，在日本的高知縣，昆布會用來取代卷壽司中的海苔。在下列這篇出自《料理之書》的中古時期食譜中，包入魚漿的昆布卷可以單吃，也可以加到湯裡。

昆布卷

昆布徹底洗淨並壓平。生魚搗成魚漿，作法就如同任一魚板食譜所述。加入少許細磨糯米粉，並以少量清酒稀釋。用抹刀把魚漿抹到昆布上。待魚漿變乾後，將昆布捲起，並用稻梗捆住。昆布卷以滾水烹煮，待徹底煮熟後，取出放涼再分切呈盤。若想煮熱湯，可將昆布卷放入味噌和水中煮沸。關於這道料理的作法，另有重要的口授說明。

這篇食譜中的料理雖然較接近魚肉香腸而非卷壽司，但它展現了庖丁人的創造力，也透露出作者還有更多只能傳授給親信的秘訣。

到了十七世紀末，刺身終於取代鱠成為高級料理的重點菜色。鯛魚和鰹魚等海水魚也變得比鯉魚、鯽魚和其他淡水魚還要珍貴。這些發展的促成因素之一，就是商業性漁業在早期現代的成長，為江戶（東京）帶來了新鮮魚貨。江戶不像中古時期的首都京都那樣位於內陸，而是坐落在海灣上，並在當時那個年代成為了日本人口最稠密的城市。壽司歷史在早期現代時期的重大發展，也都發生在江戶。下一章會針對這些發展加以討論。

第三章 料理書與街頭小吃：早期現代的壽司

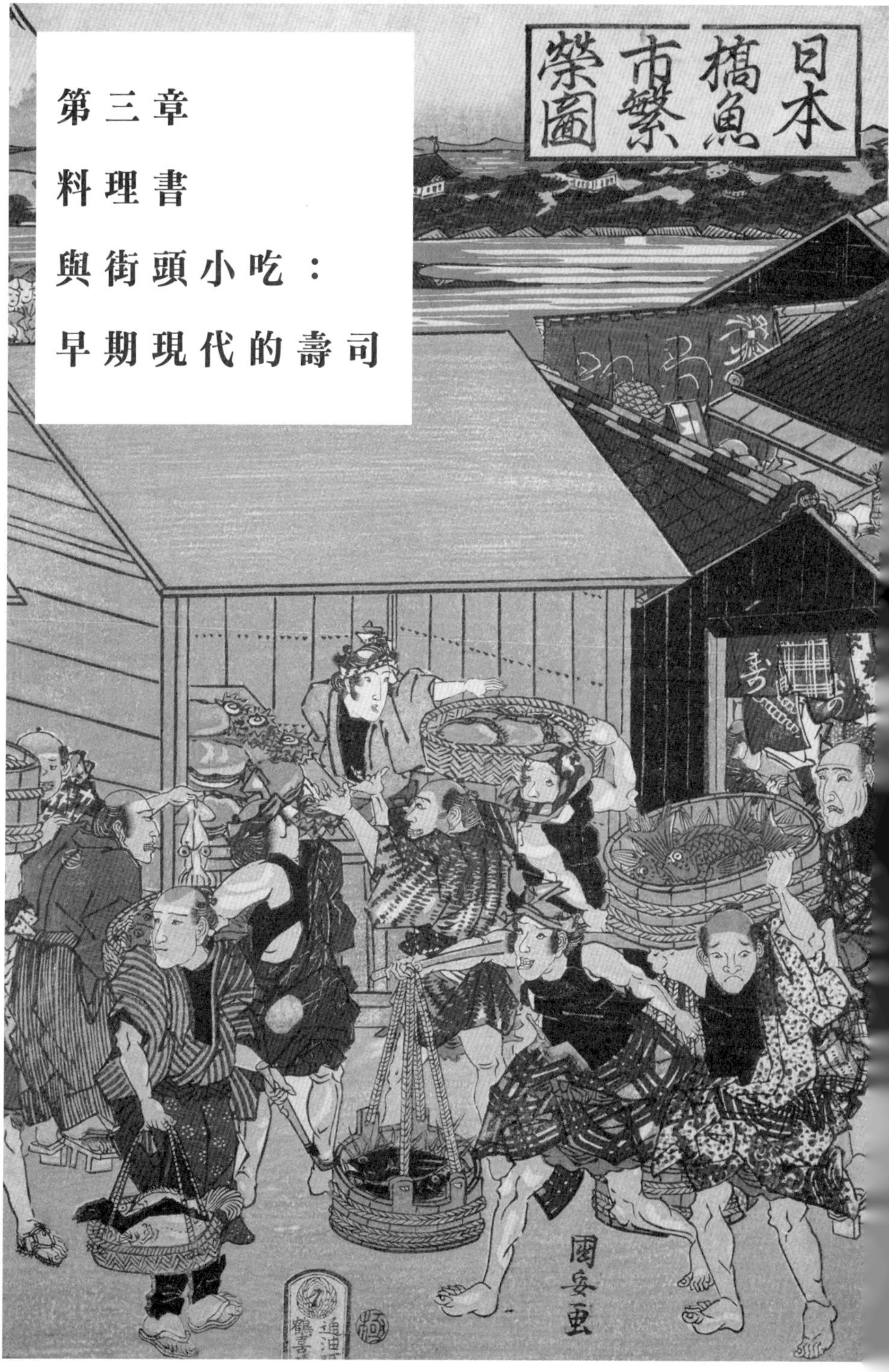

早期現代（1600–1868年）是創新壽司的黃金年代。在那段時期出版的料理書籍有將近200本，使得製作壽司時以清酒、醋或其他添加物加速發酵的新手法，能有效地傳播開來。在此所指的發酵，並不是熟壽司那種耗時數月或數年的乳酸發酵，而是將魚肉和調味過的飯放在一起發酵，藉以改善兩者風味的作法。創業家也發展出許多將魚和飯組合成壽司的新方法。

本章將審視兩本收錄最多壽司食譜的早期現代料理書（分別出自十七世紀末和十九世紀初），以深入了解早期現代的壽司製作手法。早期現代的烹飪著述相當重要，因為日本最早的壽司食譜就是出自於此。然而，此一時期的壽司有一些具重大意義的創新發展，卻未被記錄下來。舉例來說，用手捏製的握壽司從未被任何一本早期現代的料理書所提及，但在十九世紀初卻成為極受歡迎的街頭小吃，如今可說是大家最熟悉的壽司種類。由此可見，料理書中的壽司食譜有助於改善行之已久的製作手法，但除此之外，創業家也發展出方便在街頭販賣的速成壽司，而這些壽司最終更成功進軍高級餐廳。

早期現代料理書中的壽司

中古時期的料理書是「庖丁人」的備忘錄，而庖丁人則是專為高階將領和王室貴族籌備宴席的專業廚師。某些早期現代的料理書雖然也包含類似的內容，但在邁入十七世紀之際，發生於日本的印刷革命不僅使更多人更容易取得資訊，也改變了烹飪論述的風格。早期現代的料理書反映了烹飪論述在本質上的轉變：這些論著原本是私人手稿，僅在遵循相同美學傳統的專業人士間流傳，後來則逐漸演變為公開許多的寫作體裁。這些料理書不僅將專業廚師的商業機密傳播開來，更成為了向廣大群眾介紹烹飪知識的新媒介。識字能力的普及亦助長了烹飪知識的傳播。在早期現代初期，日本約有 10% 的人口識字，但到了十九世紀中期，已有 40% 的男性和 10% 的女性接受某種形式的正式教育。

概括而論，早期現代出版的烹飪論述主要有兩種形式：一種是展示各種食材料理方式的食譜集，另一種則是描述如何為特殊場合規劃餐點的宴席菜單範本。這兩種類型的烹飪論述皆聚焦於特殊場合的料理，也皆以男性作為預設讀者群。儘管大多數人的主食是雜糧粥和蔬菜粥，但幾乎沒有料理書會提供這類料理的食譜，也鮮少有料理書會針對如何煮飯給予具體的指示。換句話說，當時的料理書是一種充滿理想的文學形式，著重於探討食物的可能性以及如何把它變成美味佳餚。料理書的作者通常較無興趣指導讀者如何做出書中料理，因為他們認為這種瑣碎的事應該交給別人去做。

儘管在早期現代有這些發展，但當時收錄壽司食譜的料理書卻只有十幾本。此一現象的背後有數個原因。首先，大多數的烹飪著作皆著重於宴席料理，但壽司從不是宴席的固定菜色。宴席上必備的是各式各樣的湯品、漬物、慢燉與炙燒料理，以及一道鱠或刺身。雖然自十八世紀中起，有些餐廳開始供應刺身，但在設計精緻複雜的菜餚時，壽司是可有可無的選項。鮮少有料理書提到壽司的第二個原因是製作費工（更別提味道通常都很難聞）。大多數的家庭會將蔬菜製成漬物，但醃漬一整桶壽司魚片所需的時間和資源要多上許多，包括需要買米和許多的魚。由於壽司用買的比較容易，因此也衍生出壽司不常見於料理書中的第三個原因：市場上有所供應。事實上，用手捏塑的握壽司雖然後來成為消費最廣泛的壽司種類，但在早期現代卻未出現在任何一本料理書中，原因就在於它是一種商業食品，而不是一般在家自製的料理。1808年出版的《名飯部類》收錄了33篇壽司食譜，而該書作者在序言中提到壽司是一種商業食品，因此在書中提到壽司的唯一理由，只是要讓讀者在購買壽司時，能分辨有哪些不同的種類。

十七世紀末的壽司食譜

作者不詳的《合類日用料理抄》共有五冊，出版於1689年，是早期內容最完整可信的料理參考書之一。該書食譜涵蓋範圍廣泛，包括酒精飲料、味噌、醬油、甜食、麵條與漬物的作法。書中甚至包含醫療建議，例如教讀者用白蝴蝶和酢漿草磨粉泡茶飲用，藉以治療河豚毒素中毒。然而，這部著作透露最多的是十七世紀末的壽司製作情況。該書共包含九篇壽司食譜，我在篇名後方的括號內標示了這些壽司的種類。

仙台風格的鮭魚壽司（使用清酒和清酒酒粕製作的早壽司）
美濃風格的香魚壽司（熟壽司）
銀魚壽司（可能是生熟壽司）
鰻魚壽司（使用清酒製作的早壽司）
近江國的鮒壽司（熟壽司）
速成版鮒壽司（使用清酒和醋製作的早壽司）
長時間發酵的鮭魚壽司（熟壽司）
鮭魚親子壽司（使用清酒酒粕製作的早壽司）
鯛魚壽司（使用清酒酒粕製作的早壽司）

速成的鮒壽司

將500毫升（2¼杯）的鹽加到1.8公升（7½杯）的清酒中，用小火慢煮；接著加入180毫升（¾杯）的醋。若打算花四或五天的時間發酵壽司，就不需要加醋。將清酒和煮好放涼的飯混合在一起，接著加鹽調味，使其味道比一般的壽司飯還要鹹。

用鹽醃漬鯽魚，並將之靜置約兩小時，然後迅速清洗乾淨。將預先準備好的飯塞入鯽魚內。鯽魚大約在兩天內會發酵完成，但也可放著發酵四或五天。

飯要調味得比生熟壽司的飯還要鹹。〔用負重的蓋子〕擠壓〔桶內的〕壽司時，每四小時要增重一次，使施加的壓力逐漸變大。

在《合類日用料理抄》的九篇壽司食譜中，有三篇介紹的是乳酸發酵壽司（熟壽司）在過去的作法，就如同本書前言中的「近江國鮒壽司」食譜所示。這些乳酸發酵壽司的材料只有魚、鹽和飯。該書的銀魚壽司食譜也使用了相同的材料，但文中特別註記「此一壽司無法久放」。這可能是表示銀魚壽司最好在尚未完全發酵前食用，風味較佳。換句話說，銀魚壽司是一種「新鮮熟成的壽司」（生熟壽司）。這種發酵方式發展於中古時期，在上一章已有所討論。

然而，在該書的其他壽司食譜中，最主要的創新製作手法就是利用清酒、清酒酒粕（sake no kasu）或醋等液體加速發酵過程，以做出書中所提到的「早壽司」（hayazushi）。醋後來會成為製作握壽司和卷壽司等「早壽司」的標準材料，但從《合類日用料理抄》中可以得知，當時早壽司的正統作法尚未確立，因此該書向讀者提供了各種不同的技巧，其中有幾種在現今的日本仍應用於製作地方壽司。速成鮓壽司的食譜能使我們了解，這些新材料在當時的使用方式。

該篇食譜和乳酸發酵壽司所使用的製作工具相同，因此作者認為沒必要提到桶子和放上重石的浮蓋。食譜中指示讀者要逐漸增加桶子的負重，藉以除去

鯛魚壽司

混合3.6公升（15杯）的鹽和1.8公升（7½杯）的水後，將總共5.4公升（22½杯）的鹽水煮到剩3.6公升（15杯）；靜置使鹽水徹底冷卻。

將鯛魚切成三塊，放入鹽水中醃漬；用加重的蓋子覆蓋，靜置兩天。到了第三天，煮1.8公升（7½杯）的糙米，並混入1.8公升（7½杯）的清酒酒粕。小心謹慎地把糙米塞入鯛魚內，過程中要避免鯛魚互相碰觸。也可使用鹽漬鮭魚，但糙米中的鹽務必要減量；除此之外，遵照食譜中的指示製作即可。

壽司中的水分。額外添加的鹽則可能是為了彌補被清酒和醋稀釋掉的味道。清酒是一種製作壽司的新材料，但在六世紀的《齊民要術》（見第一章）中，可以看到清酒出現在最古老的中國壽司食譜裡。

除了清酒外，《合類日用料理抄》有一篇鯛魚壽司食譜，使用了釀造清酒所剩的酒粕。酒粕是發酵的米糊壓榨出清酒後剩餘的殘渣。清酒酒粕通常用來醃漬蔬菜，因此這篇鯛魚壽司食譜的靈感可能來自於此。

清酒釀造業在早期現代進入了蓬勃發展的階段，這意味著清酒酒粕在當時應該變得更為普遍，且能有各種不同的烹飪應用方式。

鰷魚壽司

用少許鹽和醋混合。將鰷魚迅速洗淨，靜置於濾盆內。依照一般的作法把飯放入桶內，接著將鰷魚鋪在飯上。將醋灑於其上，並放入更多的飯；重複這些步驟數次。壽司在一天內就能食用。

從《名飯部類》一窺十九世紀的壽司發展

如同稍早所述，到了十九世紀初時，醋已成為用來製作速成壽司的首要方法。1802 年出版的《名飯部類》是一部穀類料理的百科全書。在其收錄的 33 篇壽司食譜中，有一篇鰷魚壽司的食譜亦用到了醋。

種類	名稱
押壽司	木屑壽司 翻起壽司（digging sushi） 福勺（lucky scoop） 櫻壽司 鰻魚壽司
卷壽司	海苔卷 裙帶菜卷 蛋皮卷 竹皮卷 茶巾卷
素食	松茸壽司 竹筍壽司

其他	熱壽司 豆渣壽司
完形壽司	鯖魚壽司 幼鰡壽司 銀鯧壽司 小竹筴魚壽司 稚鰡壽司 小鰡壽司 小鯛魚壽司 鰷魚壽司 近江風格的鰷魚壽司 鮒壽司 近江風格的鮒壽司 沙丁魚壽司 鱚魚壽司 香魚壽司 來自吉野的桶壽司（bucket sushi） 鳥貝壽司 薩摩風格的壽司 今井風格的鯖魚壽司 魚鷹壽司

《名飯部類》提供了各式各樣的壽司食譜，並根據魚是否分切或保持完整的形狀，將壽司分成了兩類。其中，「完形壽司」又稱為「丸壽司」（maruzushi）或「姿壽司」（sugatazushi），意思是使用整條魚的壽司。

《名飯部類》中的壽司食譜分類

《名飯部類》的「壽司」和「完形壽司」分類無法囊括該書所描述的所有壽司種類。書中的某些創新發明後來會成為大受歡迎的壽司種類，包括被該書作者認定為商業食品的木屑壽司、熱壽司和各類卷壽司。作者似乎是想要藉由提供這些食譜，讓讀者能分辨不同的壽司種類，甚至嘗試自己在家動手做。

木屑壽司是一種源自中古時期的押壽司。上一章已介紹用鮭魚製作的木屑壽司食譜。《名飯部類》則提供了不同的版本，讓讀者能選擇以鯛魚、鮑魚和鹼蓬（matsuna，一種鹽沼植物，學名為*Suaeda asparagoides*）製作奢華版的木屑壽司，或是使用較普通的食材，例如烏貝、木耳、栗子、煎蛋、竹筍、香菇和三葉草。不論參考哪種版本，作法都是將食材和放涼的醋飯以層疊的方式，放在一個以竹皮為內襯的容器裡。接著將陳年清酒灑於其上，用竹皮覆蓋，再放上蓋子和重石。壽司要緊壓到食材結合在一起、能用刀整齊切開的地步。作

熱壽司

《名飯部類》收錄了一篇熱壽司的食譜。作者提到商販兜售的壽司有數種，其中一種就是熱壽司。熱壽司在冬天很受歡迎，是木屑壽司的變化版。本書的第二章和第三章皆對木屑壽司有所描述。

此一產品一般稱為熱壽司，特色是在溫熱的米飯上放有剛燉好的滾燙食材。其作法就和木屑壽司一樣，唯一的差異是用來承裝的容器被包在毯子內，以便趁熱時供應給客人。有些人很喜歡熱壽司。然而，我認為這種製作方式會

> 對食材的風味產生不好的影響，導致壽司即便在隆冬之際也會變質。因此，我實在無法想像這樣的壽司味道會有多吸引人。
>
> 一名賣外帶食物的小販告訴我，製作熱壽司沒有什麼特別的技巧。純粹只是大家不想在寒冬裡吃冰冷的食物，於是他就用溫熱的米飯結合魚肉和其他食材，做成壽司賣給客人。我試著用相同的方法自製壽司，結果發現竟然相當好吃。若有人想嘗試製作熱壽司，我想說的是熱壽司如此受歡迎確實有其道理。其美妙滋味完全沒有因為溫度而變質或走味。

者建議以水蓼、山椒或薑作為木屑壽司的配菜。翻起壽司是另一種變化版的押壽司，其食譜指示讀者將食材切成小塊，使用餐的人能用湯匙或筷子將食材從容器中翻起。作者並未提供福勺壽司的作法，僅解釋這是一間大阪壽司店所販售的商品，並表示這種壽司最特別的地方就是有個吉利的名字，用來暗指內藏特殊食材，幸運的話就能一勺舀起。其他版本的押壽司則以食材命名。櫻壽司以章魚製成，章魚煮熟時會變成櫻花般的紅色。木屑壽司若置於小盒子內，以盒蓋緊壓使食材結合在一起，就稱為箱壽司。

如今大阪以箱壽司聞名，但在《名飯部類》的年代，木屑壽司在當地蔚為風潮。而在以木屑壽司聞名的餐廳中，最著名的就是位於心齋橋的福元壽司餐廳（Fukumoto Sushi）。根據《守貞漫稿》的作者喜田川守貞（Kitagawa Morisada，生於1810年）所述，這間餐廳在1830年代開幕，其木屑壽司之所以有名，是因為壽司飯上鋪有一層6公厘（¼英吋）厚的煎蛋、鮑魚和鯛魚。顧客為了購買木屑壽司而大排長龍，而木屑壽司也因為太受歡迎，很快便銷售一空。然而，當其他同業開始提供類似的商品後，福元壽司餐廳很快就因為競爭而倒閉。

除了福勺壽司外，其他商販為了宣傳其木屑壽司的特色，紛紛在他們的商品名稱中加上有名的地名。杉野在《名飯部類》中提到了這些商品名稱，包括小倉壽司（來自京都）、千倉壽司（三重縣）、若狹壽司（福井）和淀川壽司（從琵琶湖流經京都到大阪的河川）。這些都是著名的木屑壽司，但杉野解釋它們的食材並不特別，因此就算價格低廉，也不建議作為贈禮送人。木屑壽司在日本多已消失，只剩下一些地區還有生產，其中最有名的是高知縣室戶市的柿壽司，外觀就像用鯖魚絲、鹿尾菜、海苔絲和蛋絲精心裝飾的單層蛋糕。

雖然杉野對商販利用各種地名行銷木屑壽司的作法不以為然，但在其書中的其他食譜也借用了其他著名地點的名氣，例如近江風格的鮒壽司，以及來自

鯖魚壽司

製作鯖魚壽司時，最需要注意的一點是鯖魚的選擇。鯖魚有分北部和西部的種類，味道會因為捕獲地點不同而有很大的差異。北部鯖魚（捕獲於若狹和宮津地區的鯖魚）的捕獲地點不算太遠，但其鹽醃效果最佳。熊野以鯖魚聞

名，但由於所處位置較遠，來自當地的鯖魚在夏天時多半會以船送達，並且會串在竹籤上以鹽醃漬。北部鯖魚則是從大阪經陸路運送，路程較短，而且醃漬鯖魚的人會使用適量的鹽，使鯖魚在抵達時能保持新鮮，魚肉依舊柔軟，味道也令人驚豔。

西部鯖魚則大多來自出雲地區，其餘來自需要海運的其他地區，因此當暴風雨導致船無法出海時，魚貨延遲抵達的天數可能會超乎預期。由於距離太遠，抵達日期變得難以預測，因此魚貨皆以大量的鹽醃漬處理。即使將魚貨存放於桶內，魚肉也會變硬變乾，導致味道變差。所以，最好的作法是只用北部鯖魚製作壽司。話雖如此，即便是北部鯖魚，若在夏季運送多日後才抵達，也應該要避免使用之。

奈良縣吉野的香魚壽司。後者傳統上會以一個外形類似水井吊桶（tsurube）的容器盛裝，因此又被稱為「桶壽司」。薩摩壽司的獨特之處在於其製作方式。杉野寫道：「薩摩壽司的製作過程不同於其他地方的壽司，因為製作時不會用到醋，而是會使用清酒。」今井壽司是以奈良的一位當地人物命名而來，同時也是鯖魚壽司的變化版，一天內就能製作完成。杉野在書中提供了今井壽司的食譜，用來作為鯖魚壽司的簡易版，因為鯖魚壽司一般需耗時數天製作。一方面，杉野的解說證實了醋在他的年代，顯然已成為製作壽司的標準材料。另一方面，他也展露出他對壽司製作上的區域性差異觀察敏銳。從其書中的鯖魚壽司食譜可清楚看出，杉野雖然生活在日本內陸的京都，卻擁有豐富的魚類知識。

由於運送緩慢，加上不具任何冷藏設備，因此對於像杉野這樣住在京都的人來說，擁有魚貨來源與地方製程的相關知識變得額外重要。所有的鯖魚在抵達時皆已鹽漬完成，但那些來自若狹與宮津的鯖魚含鹽量較少，因為相較於來自出雲（現今的島根縣）的西部鯖魚，這些地區距離京都要近多了。由於商人經常沿著北部的路線運送鯖魚，因此在早期現代，從京都到若狹灣的這條路線又被稱為「鯖魚高速公路」。來自熊野（現今的三重縣與和歌山縣）的鯖魚或許因其產地而聞名，但根據杉野所述，這些鯖魚的運送時間太長，並不適合用來製作壽司。熊野的鯖魚串後來在京都居民於夏末舉辦的御盆節中，成為了一道代表性美食。

從木屑壽司的例子可以看出，壽司到了十九世紀已成為一項相當普遍的商品。壽司歷史學家日比野光敏認為從標示出壽司店店名的商業設施記錄中，可以看出壽司的買賣活動有所成長。在1687年編纂的一份商店清單中，只列出了兩家在江戶的壽司店，但在時隔約一世紀的另一份清單中，卻出現了二十多家壽司店。儘管如此，這些清單並未將小吃攤納入考量——即藝術家歌川廣重（1797–1858年）在描繪一場於1830年至1844年間舉辦的慶典時（見101頁），所刻畫的那種小吃攤。壽司攤車在1770年代也出現在江戶。

卷壽司

木屑壽司在1800年代初期的都市地區，或許曾是值得矚目的市售食品，但在杉野的著作出版之際，他在書中介紹的另一種壽司，正逐漸崛起成為暢銷商品。壽司歷史學家們認為卷壽司開始大賣的時間落在十八世紀後期。而日比野光敏根據他對烹飪著述的理解，又將範圍縮小到1770-80年間。喜田川守貞則描述了三種不同的市售卷壽司，一種是塞入飯、海苔片和葫蘆乾的蛋皮卷，另外兩種則是包有葫蘆乾內餡的海苔卷：一種較小且捲得較緊，另一種較大。由於卷壽司用到的食材很少，因此價格低廉，至少根據一份出自1852年的參考資

卷壽司，又稱爲海苔卷

將淺草海苔攤放在砧板上，並將用來製作木屑壽司的飯抹在海苔上。使用鯛魚、鮑魚、香菇、三葉草及紅、綠紫蘇葉等食材。將壽司緊緊捲起，用微濕的布覆蓋一陣子後再切開。若用紀州的裙帶菜製作，就稱為「裙帶菜卷」（memakizushi）。

料所述，一條卷壽司是16塊銅錢（貨幣單位是「文」〔mon〕），半條是8塊，一份則是4塊。換句話說，考慮到當時一碗麵要16塊銅錢，一份甜糯米糰子要4塊錢，卷壽司算是很便宜的街頭小吃。

如同杉野所提供的奢華版木屑壽司食譜，他的卷壽司也比喜田川描述的市售種類還要精緻。他在《名飯部類》中介紹的海苔卷食譜，為其他的卷壽司食譜提供了基礎。

杉野的卷壽司食譜和現今的作法雷同。另外，他也提供了兩種變化版本：一種是用裙帶菜取代海苔的裙帶菜卷，另一種是竹皮卷。後者以竹皮包覆，並放在盒內壓塑數小時，因此外觀呈圓筒形。杉野表示卷壽司就類似包有梅干或其他食材的手捏飯糰，很適合帶去旅行。他還提到另一種變化作法，就是用薄蛋皮將壽司飯和食材捲成卷壽司。當蛋白和蛋黃被分開製成兩種蛋皮卷時，杉野將這些蛋皮捲稱為「茶巾卷」。

淺草海苔是用一種從隅田川採集的紫菜所製成，而隅田川就位於江戶的淺草附近。淺草剛好是個很適合發展壽司歷史的地方，因為這裡也是造紙工匠的故鄉。在十八世紀上半葉，某些造紙工匠運用他們的工法將海苔製成薄片，而這項技術很快就傳到日本其他地區。根據一本十六世紀中的烹飪著作所提供的資訊，我們知道淺草的海苔工匠並未發明海苔壓製技術。然而，他們是最早將這項技術用於商業用途的人。海苔從十八世紀下半葉開始被運用在壽司食譜中。儘管在早期現代的烹飪著作中，還是能看到其他用來包卷壽司的材料，例如河豚皮和紙張，不過海苔很快就成為了卷壽司的標準配件，因此卷壽司又稱為「海苔卷」。而用來製作海苔的紫菜自十九世紀晚期起，亦成為了江戶灣和其他地區的栽培作物。卷壽司的海苔必須先經過烘烤的慣例，大約發展於 1912 年明治時代結束之際，但在關西地區的大阪和京都，未經烘烤的乾燥海苔在今日依舊很常見。這兩種海苔的即時包在超市裡都能找到。

稻荷壽司

有一種包覆型的壽司在杉野的著作和其他早期現代的料理書中，皆未被提及，那就是用油炸豆皮包裹壽司飯的「稻荷壽司」。稻荷壽司是以京都的稻荷神社命名。根據傳說，該神社中的狐狸神使很愛吃豆腐，也因此在關西和瀨戶內海鄰近地區，稻荷壽司又稱為「狐狸壽司」（kitsunezushi）。至於稻荷壽司的另一個別稱「信太壽司」（Shinodazushi），熟悉歌舞伎和文樂劇場的壽司迷一定能領悟其典故——該名稱的靈感來自文樂劇《蘆屋道滿大內鑑》，內容講述大阪府信太森林中的女狐幻化為人形的故事。另外，稻荷壽司也稱為「豆皮壽司」（abura’agezushi）。

我們無法確知稻荷壽司的歷史，但可以知道的是，這種壽司最早出現在十九世紀上半葉的歷史記載中，是一種江戶的街頭小吃。根據喜多川的描述，這道小吃的作法是把飯包在炸豆皮內，飯裡有香菇丁和葫蘆乾。另一種大約在十九世紀中販賣的版本，則是把飯或豆渣包在炸豆皮內，搭配醬油和山葵醬一起享用。在現今的東京地區，稻荷壽司傳統上是圓筒形的，外觀就像米俵（tawara），一種舊時的稻草製米桶。大阪和京都地區則偏好三角形的稻禾壽司。

以手塑形的「江戶前」壽司

在早期現代的壽司歷史中，用手捏塑的握壽司是最重要的一項發展。然而，由於所有時期的料理書皆未提到握壽司，因此為了追尋其歷史，我們必須從杉野的故鄉京都，轉移焦點到江戶。江戶因位置靠近江戶灣，到了十八世紀中時，已成為新鮮海產的代名詞。「江戶前」（Edomae）一詞出現在十八世紀上半葉，用來指稱當地的魚貨——主要是在江戶灣或江戶的河川中捕獲的鰻魚，但也包括鯰魚、竹筴魚、鯛魚和比目魚。蒲燒（kabayaki）鰻魚在十八世紀中變得愈來愈受歡迎，其作法是將鰻魚串上竹籤並淋上香濃醬汁後燒烤，使其外觀看起來就像同名植物「菖蒲」的花穗。江戶人較偏好在市區河川中捕獲的當地鰻魚，他們稱之為「江戶前鰻」，藉以和那些從外地進口的「旅鰻」（tabi unagi）有所區別。鰻魚店大力宣傳他們的江戶前鰻料理，於是江戶前逐漸成為了一個「品牌名稱」。隨著時間變遷，江戶前一詞的適用範圍變得更為廣泛，不僅延伸到整個江戶地區，還包括鄰近都府道縣的濱海地區和這些區域的海鮮，例如經捕獲、運送並販售到江戶魚市場的鮑魚、鰹魚、鮪魚和秋刀魚。到了十九世紀，江戶前所指的已不只是海鮮，還包含販賣這些海鮮的餐廳，甚至也涵蓋江戶娛樂區的文化。在第二次世界大戰後，江戶前開始用來指稱東京風格的「新鮮」壽司——也就是握壽司。

握壽司雖然在江戶變得有名，但很可能不是當地的產物。根據壽司歷史學家日比野光敏所述，用手捏塑的橢圓形醋飯放上鯖魚片或櫻鱒魚片，這樣的壽司在十九世紀早期的江戶大受歡迎之前，曾是石川縣加賀市的一種祭典小吃。在加賀市的版本中，握壽司會先以竹葉包覆，再放進盒內，用重物從上往下施壓，接著靜置一夜，使等待時間久到能使魚和飯的風味互相滲透，但又不至於太久而導致食材腐敗或飯變太硬。

華屋與兵衛（通常英譯為 Hanaya Yohei，1799–1858 年）據說是讓握壽司在江戶變得普遍的人，至少他的孫子小泉清三郎（Koizumi Seizaburo）在90年後的著作中是這麼說的。小泉的《家庭壽司作法》在 1910 年出版，是壽司歷史學家們的參考書，能藉以了解華屋與兵衛的成就與動機。該書指出與兵衛並未發明握壽司，而是改善食譜內容，修正了那些令前人窒礙難行的錯誤。據稱，與兵衛在 20 歲前曾是錢莊的學徒，在江戶的松井町推攤車叫賣壽司前，也曾從事其他工作。最後他在約 1825 年時，在兩國開了一家壽司店。

在那個時期，與兵衛的壽司店和其他的壽司餐廳，有可能只是較精緻的小吃攤。在二十世紀初的東京，大部分的壽司餐廳都讓客人站著用餐。由此可見，現代的「立食」文化肯定是從與兵衛的年代就一直延續至今。

根據小泉所述，與兵衛一開始賣的是一種押壽司，作法是把飯放入盒內，魚片置於飯上，蓋上負重的蓋子後，靜置三或四小時。用這種方式壓製壽司能使保鮮時間長達三天，但由於較為費工，導致與兵衛製作的數量無法應付客人的需求。據信他也觀察到魚肉若緊壓過度，容易導致鮮美的魚油流失。

換句話說，與兵衛是從製作箱壽司（大阪的名物）開始展開他的事業。喜田川在《守貞漫稿》中描述箱壽司是木屑壽司的一種，製作時使用每邊約20公分（8英吋）的方盒。首先把用鹽和醋調味過的飯填入盒內，裝到半滿為止。接著加入用醋燉煮過的松茸絲，再填入一層飯。廚師會在飯上放鯛魚片、鮑魚和其他魚類。最上層則有置中的蛋和鋪於四周構成菱形的木耳，中間穿插鯛魚片或鮑魚。根據他的記述，整盒箱壽司的價格是64塊銅錢，一人份則是4塊銅錢。

與兵衛調整了上述作法，選擇不使用盒子，而是直接將食材輕壓在一團團飯上。若依照《家庭壽司作法》中的指示，會發現與兵衛的握壽司相當巨大，重量約45克（1½盎司）——相當於現今握壽司的2.5倍大。他的壽司味道也鹹上許多。《家庭壽司作法》中的壽司飯食譜要求用3.6公升（15杯）的米，對上180毫升（¾杯）的醋和180毫升（¾杯）的鹽——比現今大多數的壽司飯食譜要鹹上三倍。如今大部分的壽司飯食譜也都會加糖，但《家庭壽司作法》中的版本並沒有這麼做。

《家庭壽司作法》秉持著江戶前的精神，只選用來自江戶灣的魚貨。但藍鰭鮪（即黑鮪魚）和章魚是例外。儘管這兩種海鮮都是早期現代的壽司食材，但作者認為它們屬於低級海鮮。這本書寫於家庭冷藏技術發明前，因此書中的季節性推薦壽司，都是用當季可取得的魚類製成：春天是星鰻、水針魚、銀魚和比目魚；初夏是沙梭、鮑魚和虎蝦；秋天是星鰻、香魚、刺鯧和細海苔卷；冬天則是烏賊、花蛤和較大的海苔卷。更令人驚訝的是，這些食材大多已先調味過，再用來搭配醋飯。魚已先醃漬、用醬油川燙、用味醂或醬油烹煮、炙燒，或是用其他方法處理。烏賊和沙梭已先用醋醃漬；比目魚已先用醬油和味醂川燙；香魚已先用鹽醃漬；星鰻已先炙燒；蝦子已先煮熟；鳥蛤已先用醋和醬油稍微醃漬。由此可見，握壽司在當時絕非未經加工的生食。

握壽司的大小和製作技巧，說明了為何在早期現代時期，相較於其他小吃，它的價格特別高。早期現代晚期的文獻指出，壽司餐廳「松屋」（Matsuya）的握壽司一個要價250塊銅錢。這在當時肯定是最奢華版的握壽司。根據喜多川的觀察，煎蛋、虎蝦、銀魚和藍鰭鮪握壽司一個約8塊銅錢，販售時會搭配醃薑片和水蓼（長久以來受人喜愛的刺身配料）。小鰭（窩斑鰶）和藍鰭鮪壽司受歡迎的吃法，是在魚和飯之間加一點山葵醬，但不沾醬油。喜多川進一步提到壽司正逐漸成為江戶最受歡迎的食物：

> 江戶有許多壽司店。每個行政區內都有一或兩家壽司店；相形之下，蕎麥麵店則是每一或兩個行政區內只有一家。知名的壽司店通常不會另外經營小吃攤，但其他的壽司店通常都會這麼做。這裡也有許多獨

立營業的壽司攤。

喜多川提到松屋是江戶最著名的壽司餐廳之一，也對與兵衛在兩國的壽司店表示讚賞。接著，他描述當地有許多被稱為「屋台」（yatai）的壽司攤，它們若不是由壽司餐廳經營，就是獨立營業。

在江戶於1868年更名為東京前，握壽司、稻荷壽司和卷壽司是最重要的街頭小吃。其他能和壽司競爭的小吃只有一種，那就是天婦羅。壽司和天婦羅大約在1770年代的同一時期興起，兩者皆為廉價小吃，因而滿足了大眾市場的需求。顧客會在這些攤位前排隊購買，然後在附近站著吃。天婦羅攤賣的是裹麵糊油炸的蔬菜和魚肉，會提供客人免費的沾醬和蘿蔔泥作為搭配。天婦羅之所以適合作為街頭小吃販賣，是因為料理時需要用到熱油，若在家自製會很麻煩。

儘管住在江戶的老百姓可能會把上述這些壽司當成小吃購買，但不會在家自己做，至少從「百大庶民料理排行榜」上看來確實是如此。這是1830年代針對一般平民發行的大報，天婦羅在該排行榜上只出現過一次，壽司則是完全不見其蹤影。一直要到現代，壽司才會被當成正餐——下一章將對此有所著墨。

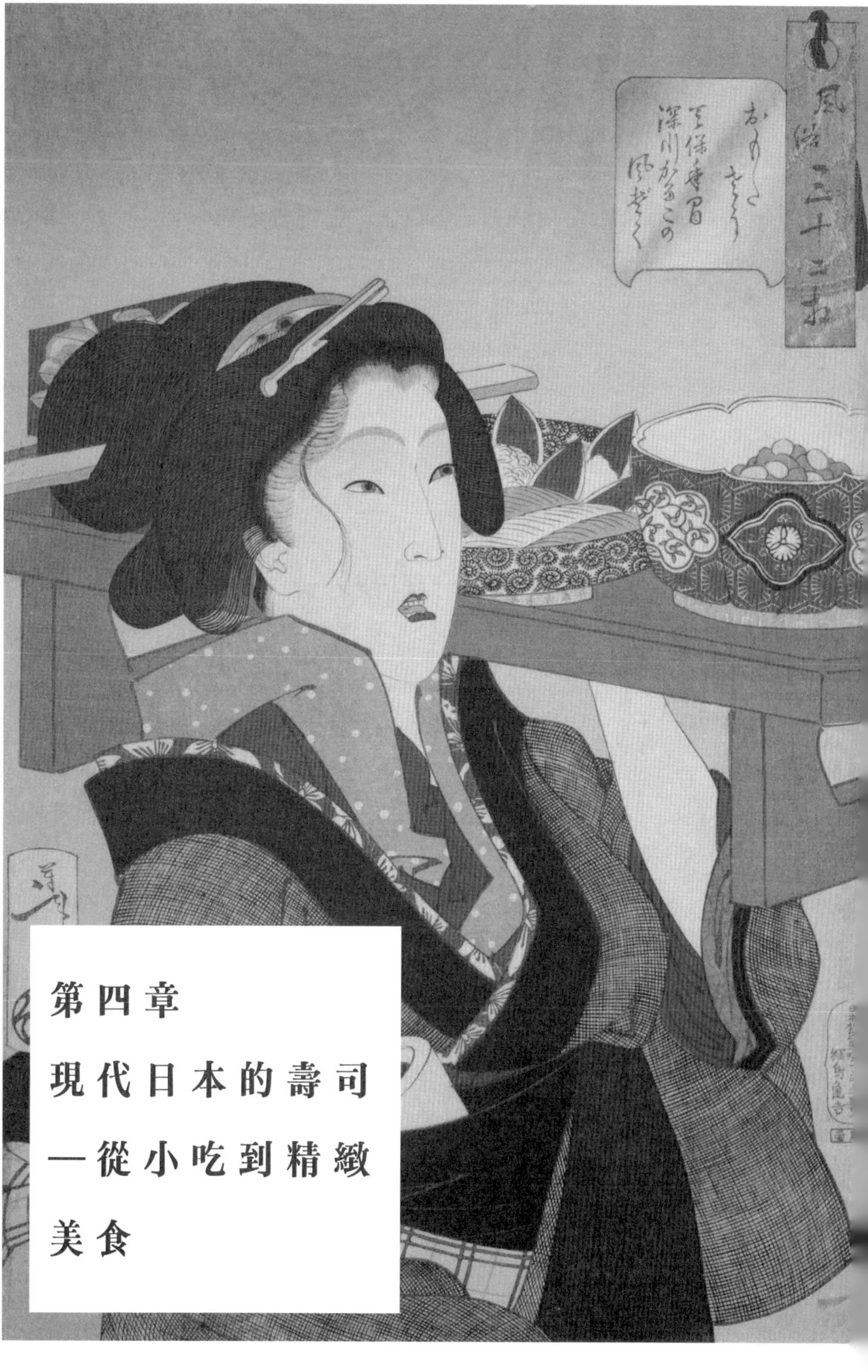

第四章
現代日本的壽司——從小吃到精緻美食

現代時期的壽司發展故事於十九世紀末展開，重點較圍繞在壽司的販賣方式，而非食譜的變化。壽司在二戰前的東京是典型的街頭小吃，在被稱為「屋台」的小吃攤販售，並讓客人站著吃，就和早期現代的情況相同。通常在壽司店裡，唯一坐著的人只有廚師，因為壽司只是一種零食。到了戰後，壽司逐漸成為一種正餐，標準份量是10貫壽司。具有輸送帶設備的餐廳能以此方式將一盤盤壽司送到客人面前，因而成為了新的廉價壽司用餐選項。儘管某些地區仍持續製作傳統地方壽司，但由於這些迴轉壽司餐廳供應「江戶風格」的壽司（握壽司、卷壽司和稻荷壽司），在其推波助瀾下，這些壽司種類在戰後時期的日本各地，成為了壽司的代名詞。

從小吃攤到餐廳

在1997年出版的一本東京旅遊指南中，列出的東京壽司餐廳只有六家，包括位於兩國的與兵衛壽司（Yohe'e Sushi）、在淺草和芝（現今的東京港區南部）設有分店的大國壽司（Daikoku）、位於日本橋的毛拔壽司（Kenukizushi）和天狗壽司（Tengu），以及位於芝的玉壽司（Tamazushi）。這代表當時的壽司餐廳數量將近西式餐廳的五分之一。不過，這本指南似乎只關注較高檔的壽司店，而忽略了大多數東京人都在小吃攤買壽司的事實。

《日本夜城》（*The Nightside of Japan*）的作者藤本泰造（Taizo Fujimoto）嘗試向讀者介紹東京較不光鮮亮麗的一面，包括小吃攤等勞動階級常去的用餐場所。他在 1915 年出版的這本英語著作中，如此描述銀座的某個壽司攤：

> 在壽司攤上，數種壽司一排排陳列在有玻璃蓋的方盒內。一團團橢圓形的醋飯上有紅色的鮪魚片、黃色的方形玉子燒、粉白相間的龍蝦肉條或蝦肉條、珍珠白的墨魚片或銀色的白腹鯖魚片。另外也有用海苔捲

起來的壽司。在每個販賣單一料理和壽司的攤子旁，都站著三到四名貌似職員的年輕人。前者的客人一邊吃著肉餅或牛肉，一邊喝著酒，但壽司攤的客人喝的是散發宜人香氣的茶。

藤本向讀者描述「壽司」（確切地說是握壽司和卷壽司）被擺放在玻璃蓋下展示的情景，並提到壽司攤吸引的似乎是較高階的顧客，而非在附近吃肉喝酒（指清酒）的年輕員工。壽司攤未供應酒類（這想必是很賺錢的生意）的原因之一是喝酒的人需要有地方坐，而如此一來就得提供座椅。壽司攤不需要準備炸天婦羅用的油鍋或燉牛肉用的火盆，因此較方便移動。某些在邁入二十世紀之際出現的壽司攤，底下還裝有輪子。

《家庭壽司作法》（出版於1910年）的作者小泉清三郎（1884–1950年）指出有兩種截然不同的壽司攤。在該著作中，他宣稱其祖父華屋與兵衛在改善握壽司的食譜前，先經營了一間壽司攤，後來又開了一家壽司餐廳，而小泉本人仍是那家餐廳的所有人。小泉雖然很清楚握壽司起源自街頭小吃，但身為餐廳老闆，他描述自己的店比某些壽司攤的水準要高上許多。據他所稱，那些壽司攤的經營者都是騙子。他認為壽司餐廳經營的壽司攤才正當：這些夜間營業的壽司攤賣的是餐廳的剩菜，因此其所提供的食物品項就和餐廳裡吃到的一樣。根據小泉的解釋，非餐廳經營的壽司攤之所以較不可靠，是因為使用的食材不同：他們提供的魚類較廉價，甚至也沒有蝦或鯛魚。而他認為造成此一落差的原因，在於這些壽司攤的老闆並沒有足夠的資金去買或租下一家餐廳。據小泉所述，有些非常糟糕的壽司攤供應的食物相當可疑。舉例來說，號稱來自宮城縣仙台的藍鰭鮪（maguro）其實是染色加工後的豆腐，而他們所販賣的魷魚則是一種被稱為「半片」（hanpen）的魚板，製作材料是魚漿和山藥。此外，這些壽司攤還會用剩餘的豆渣代替蝦子，並謊稱鯊魚是星鰻。這些攤販不僅缺乏道德觀，也毫無手藝可言。小泉甚至斷言：「在小吃攤工作或受訓的職人（shokunin）往往技術馬虎，當中沒有任何一人會做握壽司。」

小泉對壽司攤經營者的批評雖然顯露出他對這些人的偏見，但也反映出許多壽司攤販可能都欠缺正式的訓練。事實上，根據1914年出版的《大正營業便覽》所述，經營壽司攤是相對容易入門的生意。這本書為那些打算開壽司店的創業家提供了有用的資訊，包括基本的握壽司和卷壽司食譜，同時也指出這些壽司種類最有利可圖。書中提到開一個壽司攤只需投資15到30日圓，但若包含設備，則需再花45日圓。這其實是一筆相當龐大的金額，因為當時東京的烹飪學校一個月學費約1.5日圓。不過，開壽司攤確實比開壽司餐廳要便宜許多，因為後者的成本是163日圓：其中13日圓用來付租金，50日圓用來付房東押金，50日圓用來裝潢，30日圓用來買餐具，最後20日圓用來付其他開銷。雖然這是一筆非常龐大的金額，但遠低於開西式餐廳所需投注的資金。據同一本書所述，依據餐廳水準的差異，開西式餐廳的成本落在230到5000日圓之間。

肉細卷

第一本完全獻給壽司的料理書是出版於1910年的《家庭壽司作法》，作者為小泉清三郎（1884–1950年）。許多人認為小泉的祖父華屋與兵衛是握壽司的發明人。由於這本書和與兵衛所創立的壽司餐廳有關，因此具有極高的權威地位。小泉指出在家掌廚的人若對製作壽司有興趣，應從卷壽司開始著手。在這本書成書的明治時代（1868–1912年），許多日本的上層人士開始採納西方的飲食習慣，包括食用牛肉與豬肉。而小泉在書中收錄的肉細卷食譜，可被視為是「融合料理」（fusion cuisine）的早期例子。其作法參考了前一篇山葵細卷的食譜（如今山葵細卷被稱為鐵火卷〔tekkamaki〕，因為當中使用了油脂豐富的鮮紅色鮪魚）。根據小泉所述，製作細卷的通則是要將飯均勻地鋪在半片海苔上，使飯厚達約 3公厘，並在海苔最上方留1.5公分的空間不要鋪飯，這樣在捲起時，才能使一小部分的海苔重疊。接著將食材放在飯的中央，再將壽司捲起切塊。

肉細卷

海苔，火腿（或其他冷肉），黑胡椒，壽司飯這道料理不僅容易製作又受人喜愛，很適合在家自製，作為旅遊時攜帶的餐點。

按照山葵細卷（山葵用於替代鮪魚）的作法，取適量的肉作為食材。不論是選用火腿還是其他冷肉，都要順著肉的紋理盡可能切薄，然後（在將食材捲起前）撒上少許黑胡椒。

《大正營業便覽》大致描述了一間小壽司店的配置：

假設店鋪正面是3.6公尺（4碼），其中會包括1.8公尺的置中出入口，上方掛有店家的門簾。店外要擺一張小長凳，上面放一個小型櫥窗，用於展示壽司與其他料理的樣品。店內要築一面牆分隔空間，以劃分出客人的用餐區，並裝設61公分寬的長凳和榻榻米給客人坐。（另一個）用來製作壽司的房間會有木地板和置於角落的烹飪鍋。房內擺設會依據所租店面而有所變化。

由於以上敘述只提到料理區應有木地板，我們可以由此推測客人的用餐區可能是泥巴地面。書中未提到壽司師傅應該坐著或站著，但在二戰前，一般的慣例是師傅會坐在榻榻米上工作，客人則是站著用餐。不過到了1912年明治時代的尾聲，某些壽司店已開始提供座位，形式也可能如上所述。由於在當時，壽司師傅一般都是坐著，因此能站著的人都會被認為是工作量不夠多。

根據《大正營業便覽》所述，壽司師傅製作的握壽司一份能賣7到15錢（sen，相當於1/100日圓），稻荷壽司一份則應該能賣5錢。若以這些賣價對上支出，並假設店家有足夠的顧客群，該書估計每月會有6到13日圓的利潤。在該書出版之際，經營壽司店之所以已變得較有望成功，原因之一就在於都市較以往更容易取得用於保存魚類的冰塊。這使得追求卓越的壽司師傅能讓食材保鮮更久，同時也能提供更多魚料上的變化。

壽司不僅提供了經濟機會，也創造出一個充滿競爭力的市場。根據一項估計，在1926年，一個擁有630萬人口的日本城市大約會有3100間壽司餐廳和800個壽司攤。其中，壽司攤的估計數量很可能比實際上要低很多。藝術家橫井弘三（Yokoi Kozo，1889–1965年）花了一年的時間，記錄日本小吃攤和其他商品攤位的歷史。在1931年的一本出版物中，他估計光是淺草就有860人的收入是來自擺攤做生意。這些攤位販賣的食物不只有壽司，還包括拉麵、烤雞肉串、咖哩飯、牛肉飯。另外也有各式各樣的消費品，例如洋娃娃、衣服、鞋子、報紙、菸斗和棒球用具。換句話說，壽司攤在二戰前的東京，只是街頭叫賣文化與大眾文化的一小部分。

淺草的壽司攤與餐廳

社會研究家石角春之助（Ishizumi Harunosuke，1890–1939年）在他出版於1933年的《淺草經濟學》中，分析為何有些壽司店在東京淺草市中心的娛樂區獲得成功，有些卻面臨失敗。在書中，石角針對該地區是如何在 1930 年代前變得以壽司店聞名，進行了調查。根據其研究，淺草的壽司歷史始於 1870 年代，而當地第一家販賣壽司的店家則是「花井」（Hanai）。花井是一個立食壽司攤，但由於其握壽司食材新鮮、份量又大，因而名聲大噪。據石角所述，花井的握壽司飯量和鮪魚片大到要分兩三口才吃得完。然而，花井在明治時代（1868–1912 年）並沒有撐太久就倒閉。石角將花井的失敗歸因於壽司利潤太低，以及附近壽司店競爭激烈。在明治時代中期，淺草的壽司店「如雨後春筍般」不斷湧現。有些壽司店為了突顯特色而選擇在夜間營業，但不論經營型式為何，壽司店皆為立食。淺草的壽司一直被認為是一種只能站著吃的食物，直到即將邁入下一個世紀時，一個名為「永井」（Nagai）的師傅開了一間有桌椅的壽司店，情況才有所轉變。他的店變得非常受歡迎，引領了淺草壽司店提供侍者服務（sit-down service）的潮流。

此外，壽司攤為了使菜單變得更多樣化，開始供應天婦羅。而在此同時，小型餐廳也開始販賣壽司。到了明治時代晚期，就連小餐館和高級餐廳也紛紛將壽司納入菜單中，導致淺草壽司店的競爭變得更激烈。在這場競賽中，其中一個勝出的店家是「蛇之目壽司」（Janome）。石角從該餐廳老闆的職業生涯帶入，敘述了蛇之目壽司的發展故事。該餐廳老闆出身於淺草的壽司職人世家，但在今井橋的另一間餐廳受訓，並成為那裡的入贅養婿。後來，他回到淺草，經營一間名為「清雅」（Chin'ya）的壽司攤。清雅建立起名聲後，他賺到了足夠的資金，並開了一家壽司餐廳，取名為蛇之目。如同較早的花井，蛇之目和其他的壽司餐廳之所以能成功，都是因為他們的師傅一早就到市場購買最新鮮的食材。因此，石角在書中提出建議：任何一間壽司店，只要老闆到了下午才去魚市場買貨，就最好不要光顧。

然而，就某些壽司店而言，魚的新鮮度幾乎沒那麼重要，因為客人上門是為了要欣賞美麗的女服務生。石角更透露松壽司（Matsu Sushi）就是這種狀況——老闆的三個漂亮女兒比店裡的食物還有名。淺草壽司店的另一個賺錢方式是販賣剩餘的米飯。根據石角的估計，有二十到三十人是靠這些廉價的食物來維持生計，其中大多為女性。石角的研究最後針對淺草壽司的未來走向，以悲觀的預測作為結論：根據他的觀察，在非專門的壽司餐廳也能吃到壽司的同時，淺草地區的壽司品質已逐漸下降。

長久以來，淺草和東京其他地區的壽司攤常客，在1920和30年代開始轉移陣地到百貨公司的餐廳消費。在那裡，他們不僅能以合理的價格吃到壽司，也能吃到各種西式、日式和中式料理。早在1904年，壽司就已出現在東京白木屋（Shirokiya）百貨公司的餐廳菜單上。白木屋在當年是第一家有美食街的百貨公司。在1911年，白木屋的壽司價格是15錢，比20錢的三明治便宜，但比分別為12錢和10錢的日式與西式甜點貴。三越（Mitsukoshi）和大丸（Daimaru）百貨公司則分別在1907年和1908年創立美食街，並且也提供壽司，其中三越百貨的壽司價格是15錢。壽司在百貨公司的推波助瀾下，從男性世界的小吃攤，轉移到令女性和家庭感到自在的用餐環境中。在壽司店或壽司專賣餐廳之外的其他地方也能享用壽司，並不一定表示傳統的壽司業者會因此遭遇困境。到了1931年，蛇之目壽司已在東京各地廣設分店，成為了日本第一家壽司連鎖餐廳。壽司變得愈來愈容易購得，也因而確立了其作為廉價零食的地位。

壽司的批評者

壽司變得更普遍後，在1930年代引來了美食作家的關注。相較於如今提升的地位，壽司（特別是小吃攤賣的版本）在二戰前，其實是受到許多評論家蔑視的食物。其中一位相當著名的美食作家是記者松崎天民（Matsuzaki Tenmin）。松崎在1906年從大阪搬到東京後，任職於《東京朝日新聞》（*Tokyo Asahi Shimbun*）。從1928年到1934年辭世前，他也為《食道樂》（*Shokudoraku*）烹飪雜誌撰文，並在1928年到1930年間擔任其編輯。《食道樂》的名稱取自日本第一本美食雜誌；此一雜誌發行於1905年到1907年間，深受記者村井弦齋（1863-1927年）的同名暢銷美食小說所啟發。1931年，松崎出版了他的東京外食指南《東京飲食之旅》。在書中，他把壽司店和蕎麥麵店歸納為「迎合大眾需求」的廉價餐館，甚至離譜地將與兵衛壽司也歸在此類，無視其創始人被公認為握壽司改良者的事實。與兵衛壽司的創始店在1923年的關東大地震中被摧毀，但在1925年於兩國重新開幕，並以其用餐區域和鋪有榻榻米、可坐百人的大廳作為宣傳重點。但松崎以犀利的言辭批評與兵衛壽司，寫道：

> 東京有許多壽司店，但眾所周知的是兩國的與兵衛壽司、新橋的新富壽司（Shintomizushi）、淺草的壽司清（Sushikiyo）……一眼就能明顯看出這些地方賣的壽司非常厚實，而且在與兵衛和其他的壽司店裡，都能看到年輕的無賴把壽司塞得滿嘴都是的可悲情景。雖然這些店所供應的壽司被稱為東京的握壽司，但不知為何看起來反而較像是上方（Kamigata）的箱壽司。這種料理風格也許是與兵衛壽司能成為業界霸主的原因，但口味卻令人聯想到農村的食物。

松崎將與兵衛的壽司和上方（即大阪地區）的押壽司相提並論，是因為「口感就像是整體被壓得太緊實」。松崎的看法不無道理。若讀過與兵衛壽司的老闆所寫的料理書，就會知道其壽司大約比現今一般販售的握壽司要大上2.5

倍。與兵衛的壽司味道也鹹很多，因為相較於現今在製作壽司飯時的用鹽量，他們使用的鹽大約多了三倍。此外，他們的壽司也沒有添加任何的糖，但這在今日卻是製作壽司飯的標準步驟。與兵衛壽司之所以風味不佳，或許有一部分要歸咎於老闆的失職，因為他在1931年時曾因盜用公款而坐牢八個月。

儘管松崎天民將壽司貶為大眾食物（mass food），但倒是在書中推薦了一間壽司店：

> 新橋的新富壽司價格並不便宜，但老闆展現出江戶人的風範：他隨時都站著待命，以確保客人能吃得非常好。星鰻、鮪魚、小鰭或烏蛤——不論是哪種食材都很新鮮。店裡只選用最上等的魚貨，因此客人能安心享用。同一品項的食物在「船帆」（Hoka）小吃攤要價約50錢，在新富壽司則會賣到80或90錢，但客人能確實感受到後者的新鮮程度。其美妙風味就像是魚直接從水中躍出一般……食材的好壞、米的品

質高低、飯的烹煮時間、壽司按壓的緊鬆程度，以及調味時醋的用量，這些都會左右握壽司的味道；影響風味的因素有很多，無法以一言蔽之，但是像新富壽司這樣足以代表東京握壽司的餐廳，提供的料理口味絕對是一流。

松崎指出，正如同過去其他作家所描述的任何一間成功壽司店，新富壽司亦選用了新鮮的食材，使廚師得以善盡其用。不過，像松崎這類有財力的美食家，才負擔得起一份80錢的壽司——相當於現今的2400日圓。

另一位美食作家白木正光（Shiraki Masamitsu）也同意松崎天民的看法，認為壽司店在餐廳的排序中地位最低。但白木較有冒險精神，願意去嘗試這些低檔餐廳，並帶著他的讀者一起體驗。在1933年出版的《大東京美食之旅》中，白木寫道：

壽司店和蕎麥麵店是最典型的平民餐館。握壽司通常要價一到兩錢，最多五錢，不論你吃多少，都不會太傷荷包。但還是有些店的食物價錢異常地高。因此，當你從眾多外觀簡陋的小吃攤中做選擇時，要格外小心留意。大多數的小吃攤會將他們的握壽司種類，列在標了價格的告示牌上，讓你能毫無差錯地心算出金額。

如前所述，東京的淺草以壽司攤和其他種類的攤販聞名，而白木也找出了許多淺草的廉價壽司店。根據他的計算，在淺草有十五家壽司攤，其競爭對手則包括十一家串燒店、十家牛丼店、十家關東煮店、六家拉麵店、五家天婦羅攤、三家西式餐館和一家燉菜店。許多壽司攤皆位在一條別名為「壽司橫町」（Sushi Yokocho）的街上，其中有一間「千成壽司」（Sennarizushi）是白木個人的最愛：

這裡有不少間立食壽司攤，但這間店的老闆在攤位上鋪了冰塊，上面堆放的生魚片高到讓人看不到對面。桌前有用來洗手的水龍頭，桌下的集水槽內有充滿活力的金魚。這家店的價格公道，使用的食材也很新鮮。

有些小吃攤的粉絲當中也不乏挑剔的老饕。永瀨牙之輔（Nagase Ganosuke）是1930年出版著作《壽司通》的作者。他引述一般公認的看法，宣稱最美味的壽司一定是來自立食小吃攤，並解釋這是因為壽司畢竟是一種零食，而不是正餐。

壽司的黑暗幽谷：第二次世界大戰

儘管壽司很受歡迎，但日本中央政府在1939年宣稱小吃攤並不衛生，並禁止他們販售壽司。在那一年，所有的餐廳亦面臨到戰時動員與配給下的其他限制。1939年12月所頒布的一條法令禁止了白米的販售，並強制要求人民使用糙米，原因是精製白米時會去除營養的米糠，導致米粒變小，因而被視為是浪費食物的行為。為了防止創業者自行精製白米（這其實很容易做到，只要把稻米倒入瓶子等大容器裡，用棒子搗碎就行了），政府在1940年8月下令禁止東京的餐廳販賣白米。於是，這些餐廳只好轉而尋求其他的替代品，例如切得很細的蕎麥和小麥麵條。在1941年後，民眾需使用政府發行的餐卷，才能在餐廳用餐，儘管有些餐廳仍會為了有財力負擔的客人而偷偷營業。所有留存下來的餐廳在1944年2月25日皆遭到勒令停業，但由於當時正值戰爭期間，因此食物在主要城市中幾乎已無法取得，只有在黑市才買得到。

雖然戰爭帶來了許多負面的效應，影響層面多到難以在此詳述，但某些壽司歷史學家還是觀察到一些正面的發展。據稱在二戰之前和期間，日本殖民主義促進了壽司的傳播。舉例來說，韓國的「紫菜飯卷」（gimbap）是卷壽司的變化版，作法是以芝麻油代替醋來為飯調味。然而在這道朝鮮日治時期（1910–45年）流傳下來的料理中，用來製作飯卷的白飯象徵的是來自日本的殖民剝削。韓國種植的米出口到日本，導致韓國人口為了彌補米量的不足，必須從其他日本殖民地進口別的穀類，或是在缺米的情況下將就過活。日本在戰爭中由盛轉衰後，發生在東京的空襲事件（東京大轟炸）被認為是東京壽司傳播至全國各地的原因，因為廚師們紛紛從東京逃離搬遷到其他地區。

握壽司在今日通常為一盤兩貫，據說這是因戰時物資匱乏而留下的另一個影響。當時各種魚類都很稀少，導致廚師們只能用手邊有的食材，做出兩貫壽司供應給客人。此外，兩貫裝一盤也是為了要掩飾壽司尺寸變小的事實。握壽司有可能是在二戰和軍事占領期間，演變成如今的尺寸（比二十世紀初的握壽司要小上2.5倍）。二戰過後，這種較小的尺寸使客人得以嘗試更多不同的口味。另外也有人認為壽司店以兩貫握壽司為一組，是為了和宗教習俗有所區別，因為某些家庭會將一貫握壽司擺在家中的祖龕前，作為供奉已逝親人的祭品。然而，這項說法無法解釋為何在二戰前，供應一貫握壽司給客人的作法並未被視為是禁忌。

民間的壽司

壽司餐廳在戰爭期間遭受重創，但根據1941年珍珠港事件前發布的一項民族誌調查，農村地區的人民在糧食配給制下，仍持續在家自製壽司。大政翼贊會（Imperial Rule Assistance Association，形同日本的法西斯政黨）指示民間傳承協會（Popular Traditions Association，為民俗學家成立的專業組織，現已更名為日本民俗學會〔Folklore Society of Japan〕）進行一項有關農村飲食習慣的調查，以了解這些資訊是否有助於提升戰時的資源投入。由於該協會擔心派遣研究人員到鄉下調查，可能會讓他們被誤認是在偏遠地區探聽情報的間諜，因此便尋求全國各地的協會成員協助，請他們到鄰近的社群去訪問熟悉當地習俗的人。該協會為那些參與調查的成員準備了印刷手冊，裡面列出一百個有關在地飲食文化的問題。其中有一個問題（以及接續的數個延伸問題）與壽司有關：

你平常會製作壽司嗎？
你所使用的魚類有哪些？
請說明你如何製作，以及在哪個季節製作。
你會在特定的日子裡吃壽司嗎？

上述的最後一個問題可能和壽司的發酵時間長短有關，但也透露出該協會的民俗學家對於這項調查的疑慮：他們認為透過食物了解農村思維，將因而揭露一個失落至今的國家文化。並非所有的受訪社群都有製作壽司的習慣。完整填寫並留存下來的調查報告有98份，來自約37個不同的地點；其中有57份指出有地方壽司的存在。儘管訪談員的調查方式帶來了研究上的困難（例如在記錄資料與挑選受訪者時作風不同），但民間傳承協會仍為二十世紀上半葉的日本農村壽司種類，提供了概略的描述。

在握壽司已然成為東京壽司代名詞的時代，只有來自愛知縣某一社群的受

野花散壽司

（二人份）

民間的散壽司是利用手邊所有或能收集到的食材來製作。這篇食譜中的大多數食材皆取自我的花園。竹子就像野草般繁殖快速，必須連根拔起，才不會四處蔓延。竹子的嫩芽（即竹筍）能去殼水煮後食用。在堪薩斯州，竹筍的產季落在四月中旬，大約是紫羅蘭盛開及蒲公英、野蔥（wild onion）開始出現的時期。野蔥在這份食譜中以醃漬的方式處理：清洗後將其球莖的頂端葉子和根部移除；將球莖放在罐子裡；接著將混合了醋和鹽的熱水倒入罐中。靜置數小時，或醃到野蔥入味為止。

桑葉也在四月開始出現，其蛋白質含量比羽衣甘藍還高，而且能抑制葡萄糖的吸收。它們也能用來製作出好喝的茶，可製成茶葉沖泡，或是像抹茶那樣加工處理。

採集野生植物時，務必選擇在未經汙染的地區進行。

壽司飯的材料：

2杯（480毫升）煮好的短梗米

1大匙醋（米醋或蘋果醋尤佳）

2小匙糖

½小匙鹽

以下各項食材皆準備少量：

水煮後切成碎丁的竹筍

醃漬的野蔥球莖

桑葉

水煮後切碎的紫羅蘭

蒲公英（去除莖部）
3盎司（85公克）或一小包煙燻鮭魚（可省略）
在一個大碗內，混合1大匙醋、糖和鹽。將煮好的溫熱白飯移至裝有混合調味料的碗內。輕輕攪拌。靜置30分鐘，使醋飯放涼到室溫的程度。
將野蔥球莖、桑葉和鮭魚拌入飯內，接著以紫羅蘭和蒲公英裝飾。

訪者表示他們會製作握壽司，不過他們在受訪時並未詳述其製作手法與使用食材。儘管如此，共有13個社群回報他們會製作稻荷壽司。不同種類的卷壽司甚至更為普遍：共有19個社群回報他們通常會用簡單的食材製作。在山梨縣的某個村莊裡，卷壽司的食譜指定要用蓮藕、芋梗、魚鬆（denbu）、牛蒡、蘿蔔、竹輪（chikuwa）以及葫蘆乾，和飯一起捲成厚度3.5公分（1½英吋）的卷壽司。愛知縣的某個社群則習慣用芥菜、葫蘆乾和醃大根（醃漬白蘿蔔）作為卷壽司的食材。另外有7個社群會製作五目壽司（五目〔gomoku〕是指五種食材）或散壽司——後者是以調味過的飯和切成碎丁的魚肉、香菇以及醃漬蔬菜製成。

某些地區亦持續製作熟壽司和生熟壽司。根據上述的調查報告，滋賀縣的某個社群會製作鮒壽司，另一個位於靜岡的社群也有相同習慣，但只在特殊場合上製作。相較於這些完全發酵的熟壽司，發酵期較短的生熟壽司更為普遍。在群馬縣，鱒魚會以鹽和米發酵二十到三十天。根據報告，新瀉的某一個村莊直到近期都還會製作香魚壽司，作法是和米一起放在桶內發酵十五天，在年底前作為慶祝新年到來的一道料理。同樣源自中古時期的木屑壽司（柿壽司）亦仍見於農村地區。岐阜縣的木屑壽司食譜指示要用鹽漬或風乾的鱒魚或鮭魚，切片後和切碎的蘿蔔、昆布混合，再放入桶內，以1份米麴對上10份米的比例醃漬。待壽司味道變酸後，即可食用。

清酒和醋是農村用來加速壽司發酵的其中兩種添加物，作法就和早期現代的速成壽司（早壽司）相似。鹿兒島的某個村莊在製作押壽司時，會將鯛魚片、竹筍、醃漬白蘿蔔和山椒葉，連同混了清酒的米飯一起放入桶內，然後施以重力壓製。如今在鹿兒島，所謂的「清酒壽司」仍是市售的在地知名美食，但通常已無人在家自製。在岩手縣，釀造清酒時所剩的酒粕會用來製作墨魚或鮑魚壽司。然而，大多數的社群在製作壽司時，還是會用醋來加速發酵。岐阜縣的某個地區在製作鯖魚壽司時，會將鯖魚去頭去尾鹽漬，接著在魚身內塞入以醋調味的米飯。大概在靜置一段時間後，醃好的鯖魚壽司會在特殊場合上，以一人一尾的方式供應。用整條魚製成的壽司被稱為「完形壽司」（姿壽司），通常會切成數塊。根據報告，德島的某個社群在製作姿壽司時，使用的是竹筴魚、香魚、鯖魚和其他用醋醃過的魚類。如同岐阜，德島的姿壽司也是專為特殊場合準備的料理。

如同上述例子所示，壽司在農村地區幾乎不能算是主食，而是在特殊場合與節日中才會享用的料理。三重縣的某個社群只會在秋收祭時製作壽司。愛知也有自己的收成祭典壽司，但當地人有時也會把壽司當成出遊時攜帶的食物。在新潟，以鹽漬鮭魚製成的壽司只會在新年時享用。而在鳥取，新年時吃的是用香魚製成的生熟壽司，作法是將米飯和米麴混合後塞入魚肚內，再放入醃製桶內發酵，以製成姿壽司。當地人很喜歡這道料理，但外地人顯然敬而遠之。婚禮、地方慶典與季節性節日（例如三月三日的女兒節），是農村地區會準備壽司的其他場合。

人們不製作壽司的背後原因，同樣也能反映出當地的飲食文化。有時，訪談員未能成功記錄到壽司相關問題的答案，但也有時，他們調查的結果是該社群沒有食用或製作壽司的習慣。新潟縣燕市的社群不製作發酵壽司，因為據當地傳說所述，鄰近的神明並不喜歡吃壽司。然而，當地人並未因此一禁忌而停止製作卷壽司、稻荷壽司和五目壽司。因此，很可能只有發酵的壽司才被認為不受神明喜愛。新潟和鹿兒島的其他受訪者表示他們無法取得魚貨，因此不能製作壽司。東京縣的村民則表示他們會向餐廳購買壽司。福島和長野的社群中沒有人聽說過壽司，但福島的其中一位受訪者回憶起他小時候，可能曾在慶典上吃過一次稻荷壽司。

儘管有些社群因缺乏魚貨而無法製作壽司，但也有些社群以蔬菜和罐裝海鮮作為食材。在長野的某個村莊，村民們解釋：「我們會製作壽司，但幾乎不使用魚類。」他們改以海苔卷（內餡很可能是漬物或蔬菜）和稻荷壽司代替。這項調查記載了一種來自秋田縣的著名地方壽司，名為「鰰壽司」（hatahatazushi）。這種壽司通常以雷魚（hatahata）搭配蕪菁片和蘿蔔片製作而成，但在缺乏魚貨的情況下，會改以罐裝鮭魚和蝦子代替。在石川，風乾的鱒魚被用來和白蘿蔔一起製成壽司。訪談員表示這是因為當地人鮮少有機會取得新鮮魚貨。同一社群的人在製作壽司時，會用鹽醃和佃煮的魚（佃煮是一種便於保存魚肉的烹調方式，作法是用醬油、糖和味醂把魚煮到醬汁收乾）作為食材。京都的居民則會使用罐頭鯖魚或鮭魚製作壽司，新鮮魚貨在當地也很罕見。

在二戰爆發時以及戰爭期間，只要不是鹽醃或風乾的魚，離海30–50公里的社群都難以取得。沿海漁村以外的社群通常也無法獲得新鮮海鮮。缺乏鮮魚的情況能用來解釋為何一直要等到戰後，隨著冷藏技術的傳播，握壽司才變得普遍。家用冰箱在1960年代變得較為普及，但即便到了1970年，也只有83%的農村家庭擁有冰箱。

冷藏技術的到來和其他戰後的飲食改變，意味著用於保存魚肉的傳統壽司作法已不再必要。儘管某些種類的農村壽司在1960年代逐漸消失，但也有些壽司經「重新發掘」而成為「鄉土料理」，為地方飲食文化的保存與商品化活動，奠定了基礎。此一活動崛起於1960年代晚期，但真正開始躍進是在1980年代，並一直持續至今。在2015年，針對日本全國一千名20–59歲受訪者所進行的一項網路調查指出，有36.7%的人曾吃過「鄉土壽司」——明確地說是富山縣的鱒魚壽司，作法是將用醋醃過的鱒魚片放在壽司飯上，再以竹葉包裹起來。然而，其他種類的地方壽司就沒那麼多人嘗試過了。在受訪者中，只有11.5%的人吃過三重縣的「手拌壽司」（tekone sushi，一種柿壽司），5.9%的人吃過滋賀縣的鮒壽司，甚至只有 0.8% 的人吃過鹿兒島的清酒壽司（即上述提到記載於民俗學研究中的一種壽司）。更能反映真實情況的是，有 37.6% 的受訪者從未吃過任何種類的鄉土壽司。這顯示出對日本大多數的壽司愛好者而言，區域性的壽司仍舊相當新奇罕見。

戰後的壽司

在二戰後，小吃攤在東京突然湧現的各種黑市中再度興起。在日本投降僅五天後，就有一個黑市出現在新宿。接著在東京的澀谷、新橋、有樂町、神田、上野和池袋等主要轉運站，其他黑市也陸續形成。許多小吃攤是由退役軍人和在日韓國人所經營。他們販賣各式各樣的商品和日常必需品，但其中最為人所知的是非法私酒。在 1947 年，光是有樂町就有約三百間飲酒場所。其他商販則賣吃的。串燒店表面上供應的是雞肉（串燒日文為「焼き鳥」〔yakitori〕，意思是「烤雞肉串」），實際上賣的是較沒人要的肉品部位，例如豬腸、雞心、雞肝和軟骨，並將所有食材串在竹籤上燒烤。若黑市遊客想尋覓油膩、能填飽肚子又不傷荷包的一餐時，用美國小麥製成的拉麵就成了他們的首選。

然而，壽司重新崛起的過程較為艱辛。戰前抵制小吃攤的法令在戰後仍持續不變，而且米的供給量過少，導致餐廳直至1949年前都遭勒令禁止營業，只有向同盟軍提供飲食的餐廳例外。為了因應此一困境，東京都壽司業協會（Tokyo Prefecture Sushi Business Association）成功遊說東京都政府，讓他們有權供餐給自己帶米來的客人。客人能以一「合」（go，日本傳統測量單位，相當於180毫升或¾杯）的米購買十貫握壽司或卷壽司。壽司師傅只能使用淡水魚或貝類，因為其他海鮮仍受管制。除了米以外，客人也能以其他食材作為交換，例如壽司師傅需要的雞蛋、香菇或葫蘆乾。其他都道府縣的壽司協會陸續跟進，因而更加快了握壽司食用習慣的傳播。此外，東京都政府的裁決也導致一份十貫成為了標準的壽司餐份量。

隨著戰後經濟復甦，壽司餐廳開始有足夠的財力安裝冷藏設備，這使得壽司師傅手邊能有更多種魚類加以運用，並因此能將鯛魚和其他白肉魚加入他們的食材選項中。在過去，他們只能選用較小型或是能迅速用完的魚類。由於冷藏技術的發達，加上顧客轉為偏好高脂的食物，油脂豐富的鮪魚（tora）從 1960 年代起，逐漸成了日本的代表性美食。在鮪魚（包括藍鰭鮪和鰹魚〔katsuo〕）的全球消費量中，日本的占比在二十世紀下半葉攀升到超過 40%，是同一時期日本在世界人口成長量占比的十五倍。

壽司師傅的專業化

在二戰前，理論上任何人都有可能開壽司攤。但在戰後，由於政府更嚴格控管壽司師傅的資格，以致壽司烹飪教育也變得更加正式。儘管有些廚師靠自學出師，但也有些廚師為尋求更嚴謹的訓練，而透過傳統的學徒制踏入這行。學徒制為期約十到十五年，也可能更長，且學徒在青少年時期就要開始跟著師傅學習。

日本的鄉土料理

《日本的鄉土料理》最初出版於1966年，爾後在其1974年的修訂版中，藉著人們對農村生活日益漸長的懷舊情懷，立下旨趣要向讀者介紹日本47個都道府縣的家鄉料理。書中收錄了數篇壽司食譜，包括青森縣的包餡烏賊壽司。儘管該書作者提到品質穩定的室內暖氣設備大幅加速了發酵過程，但並未明確說明烏賊壽司的發酵時間多長。

烏賊壽司

食材（用來製作四人份）：

2隻烏賊；3杯〔720毫升〕壽司米；¼根紅蘿蔔；

3大匙豌豆

備料：

❶除去烏賊的觸手和表皮，接著仔細清洗並迅速汆燙。用蓋過表面的醋醃泡。

❷紅蘿蔔水煮後，切成5公釐（¼英吋）小段，並和豌豆（以及壽司米）混合。將混好的餡料塞入烏賊內。

❸烏賊放入醃製桶內，用重石壓於上方，如此一來即可在隆冬時享用。近來多虧了現代室內暖氣設備，這道料理才能在製作不久後就能供應。烏賊的觸手經水煮切碎後，亦能加入米中。

同一本書也提供了來自福島縣的鮭魚壽司食譜，其作法是利用米麴粉來加速發酵。

鮭魚壽司

食材（用來製作四人份）：

1公斤（2磅3盎司）鮭魚；100克（3½盎司）鹽；

480毫升〔2杯〕糯米；米麴

備料：

❶鮭魚洗淨後抹鹽，作法就和製作鹽漬鮭魚的方式相同。

❷糯米放入罐中。鮭魚切成大塊後，排放於罐內。撒上一層鹽和米麴，接著依序鋪上一層鮭魚塊和糯米，再撒上一層鹽和米麴，重複這些步驟直到罐子裝滿為止。將剩餘的鹽和米麴撒在最上方，然後放上浮蓋，並用重物壓住蓋子。靜置約三天。

❸清除任何滿溢到蓋子上的水分。等到似乎再也沒有水分冒出時，鮭魚即可切片食用。

在壽司的世界，見習生傳統上會花三年的時間擔任「新手」，花五年的時間擔任「助手」，接著花七到十年的時間擔任「熟手」。這表示在最初的三年內，學徒要負責洗碗、泡茶和協助準備食材，同時慢慢學習如何切魚和製作卷壽司。在三到五年後，學徒就能勝任切魚的工作了。熟手的地位則是高到能在師傅休假時代理其職務，並專注於學習如何經營一家成功的壽司店。過了這個階段後，壽司見習生靠著累積的技術和自己的資金或貸款，應該已經有資格能開設自己的壽司店。

戰後，這種非正規的學徒制逐漸變得更加正式。1958年，日本政府開始發放證照，獲取資格是必須通過合格廚師（chorishi）的考試。到了1983年，日本政府進一步推行專業壽司廚師執照，獲取資格是必須通過當地政府或中央政府舉辦的考試。儘管如此，實際上要開一家壽司餐廳，並不需要具備這樣的執照，只要有當地衛生部所核發的許可即可。任何人在沒有執照的情況下，都能在餐廳裡製作壽司，不過要是沒有執照，在法律上就不能自稱為壽司廚師。執照確實能為壽司師傅帶來更多的聲望。小川洋利（Ogawa Hirotoshi）在2018

年回憶起他在二十五年前入行時，壽司餐廳裡有許多資深員工皆來自可疑的背景，但在今日，壽司師傅的形象已大幅提升，甚至有些師傅會出現在電視上，而壽司業也因此擺脫了負面形象。

在這個由男性主宰的傳統烹飪藝術領域中，一直到最近，女性廚師在日本都還是非常罕見。小川主廚解釋女性之所以選擇留在家中照顧小孩，是因為日本的傳統家庭結構與超長工時所致，而不是因為她們有生理期或是手比較溫熱等錯誤的說法。然而近年來，女性壽司廚師的人數已逐漸提升。此外，儘管女性可能不會被正式認可為壽司廚師，但許多由夫妻經營的小壽司餐廳會兩人分工，而這已是長期存在的經營模式。

迴轉壽司

如今壽司不再於戶外的小吃攤販售，而是在迴轉壽司店供應，以迎合廉價壽司餐廳的市場需求。在迴轉壽司店裡，任何人都能獨自或和朋友一起坐著用餐，並根據個人喜好與盤子顏色代表的價格，從輸送帶上挑選經過的壽司。一般認為迴轉壽司的發明人是白石義明（Shiraishi Yoshiaki，1914–2001年），大阪元祿壽司（Genroku）的老闆。元祿壽司於1950年開幕，白石在參觀一家肉品包裝工廠後獲得啟發（在其他的故事版本中是啤酒裝瓶工廠），於1958年實驗在店內裝設輸送帶。客人一看到盤子的顏色，立刻就能知道每份壽司的價格。相較於通常不會標示價格的較高檔壽司吧，這是另一項優勢。由於白石的壽司店仍遵循戰前的傳統，加上他可能想進一步節省成本，因此客人最初必須要站著用餐，但最終他添加了吧台高腳椅。

白石的點子大獲成功，使他得以陸續開設兩百五十家分店，包括1970年大阪國際展覽會上的臨時店面。那場展覽會是日本餐廳業的一個轉折點，加速開創了家庭與年輕族群外出用餐的新潮流。1974年，北日本KAKOH公司（Kitanihon-Kakoh Corporation）推出了附有熱水水龍頭的迴轉壽司吧台，使客人能自行取用杯子和茶包泡茶。

迴轉壽司店的老闆能訂購事先切片和加工好的魚，使得他們能降低技能要求，並加速製作過程，進而促進這類壽司店在1970和80年代的成長。1980年，北日本KAKOH公司又推出了一台製作握壽司的機器，創造出「用機器人製作的壽司」。那年有兩家大型的壽司連鎖店開幕：原子少年壽司（Atom Boy Sushi）和元氣壽司（Genki Sushi）。元氣壽司如今在中國、科威特和美國皆設有海外分店。根據一項估計，2008年光是在日本就有約5000到6000家迴轉壽司店。迴轉壽司店壓低了壽司的價格，使壽司不僅適合作為零食，也能被當成正餐。

2015年的一項調查針對1000名日本人，訪問了他們在迴轉壽司店的用餐習慣，結果發現有81.9%的人會在迴轉壽司店用餐，且其中有25%的男性和21.5%的女性每個月都會去。除了迴轉壽司店外，同一項調查顯示有66.2%的受訪者也會從超市等場所購買外帶壽司。根據調查結果，只有27.2%的人會在家自製壽司。壽司師傅小川洋利表示，隨著便宜壽司愈來愈容易取得（不論是從迴轉壽司店或外帶壽司舖），壽司不再是只在特殊場合才能吃到的料理，而是成為了一種日常的便利食品。

其中一家主要的外帶壽司業者是小僧壽司（Kozo Sushi），其商品在超市和自家店鋪皆有販售。小僧壽司的創辦人山木益次（Yamaki Masuji，生於1936年）出生在經營壽司店的家庭中。在他還小時，他父親的餐廳用他的房間作為用餐區，使他不得不在老師家做作業。大學畢業後，他回家繼承家族事業，婚後在1962年於大阪天下茶屋開設了自己的餐廳。山木的父親曾經營過一間小壽司攤，而山本認為自己有機會效法父親做類似的事，於是在1964年於一家商場中，開了一間壽司外帶小舖。在開幕當天，他做了600個太卷（futomakizushi，大的卷壽司），並在三小時內銷售一空。當地超市也開始販賣他的產品，於是他開了更多間外帶舖，最終在1972年遵循美國速食連鎖店的經營模式，開放加盟。到了1987年，小僧壽司連鎖店已有2300間店面。截至2020年6月為止，店鋪數量已減少到只剩下201個銷售據點，其中有125間是加盟店。這家公司旗下還有拉麵連鎖店和另一個名為「茶月」（Chagetsu）的壽司外帶舖，後者共有14間店面。銷售點大幅減少反映出小僧壽司的衰落，但其背後原因並不是市場的壽司需求量下降，而是來自迴轉壽司店和其他壽司店的激烈競爭，因為迴轉壽司店也開始提供外帶，而其他壽司店則利用 Uber Eats 等平台提供外送服務。

現今的壽司（尤其是握壽司）是一種外食，而且不再只是一種零食小點，反而較常被當成正餐。前文中引據的同一項網路調查發現 52% 的男性在迴轉壽司店中，一餐會吃 10 到 14 盤壽司，而 45.8% 的女性會吃 6 到 9 盤。由於每盤會有兩貫握壽司，因此相當於男性一餐會吃 20 到 28 貫握壽司，而女性會吃 12 到 18 貫——兩種情況都比戰後標準的十貫一餐還要多。也有一些人卯足全力大吃：15.2% 的男性和 2.8% 的女性承認會吃 15 到 29 盤。考慮到有些壽司愛好者可能會虛報，這些數字實際上有可能更高。

在迴轉壽司店和外帶舖成長的同時，戰後日本的魚肉消費量亦穩定增長。而促成此一現象的背後原因是「經濟奇蹟」，其特徵是從 1950 年到 1973 年，日本國內生產毛額年成長率平均為10%。從1950年到2000年，日本的海鮮消費量增加了50%。在那段時期，日本發展為全球最大的海鮮進口國，人均海鮮供給量為全世界最高：相較於美國與英國的20公斤（44磅）以及法國的30公斤（66磅），日本在2008年的人均海鮮供給量約為75公斤（165磅）。這表示在減掉動物飼料等非人使用的魚類用量後，日本每天每人可分配到約150公斤（5.3盎司）的海鮮。儘管壽司已在全世界大受歡迎，而日本政府在國內外也積極推動以魚肉為主的「傳統」飲食，但瓦茲拉夫・史密爾（Vaclav Smil）與小林一彥（Kazuhiko Kobayashi）在其針對日本飲食的縱向研究中指出，若其他國家也效法日本，對海鮮有一樣的狂熱，那麼早已過度捕撈的全球魚群將會消失殆盡。

就價格與品質而論，迴轉壽司店以及超市和便利商店販賣的壽司，代表的是食物貿易中的較低階市場。不過高檔的壽司餐廳也同樣引人注目，儘管數量較少。

在現今的高級壽司餐廳中，最為重要的是因 2011 年紀錄片《壽司之神》（*Jiro Dreams of Sushi*）而聲名大噪的數寄屋橋次郎（Sukiyabashi Jiro）。位於東京的數寄屋橋次郎是第一家獲得米其林三星的壽司餐廳，從 2007 年首次獲得該殊榮後便一直維持星級，直到 2019 年因不再接受一般客人預約，才被摘星除名。數寄屋橋次郎亦是 2014 年 4 月，日本前首相安倍邀請美國前總統歐巴馬餐敘的地點——一名記者因此將這次聚餐稱為「壽司高峰會」。但在東京這個全世界最多米其林星級餐廳的城市中，若是財力負擔得起，你還能找到其他 36 家被列入《東京米其林指南 2020》（*2020 Michelin Guide Tokyo*）的壽司餐廳。在數寄屋橋次郎用餐，每人最低消費是 40000 日圓起跳。東京最典型的街頭小吃無疑走過了一段漫長的路。

第四章

現代日本的壽司——從小吃到精緻美食

第五章 席捲全球的壽司風潮

在今日，不論是從消耗或取得的方式來看，壽司都是一種全球性的食物。根據日本農林水產省（Ministry of Agriculture, Forestry and Fisheries，簡稱 MAFF）的統計，在 2006 年全球約有 24,000 間日式餐廳，在 2015 年約有 89,000 間，而截至 2017 年為止，數量增加到約有 117,500 間。其中大多數餐廳（69,300 間）位於日本以外的亞洲國家，而截至 2016 年為止，這些國家約有 20,135 間壽司店。從區域來看，北美有 25,300 間日式餐廳，西歐有 12,200 間，南美有 4,600 間，俄羅斯和澳洲各有 2,400 間，中東有 950 間，非洲有 350 間。在中國，日式餐廳在清朝（1644–1912 年）衰亡前就已存在。而在美國，第一間日本人所有的餐廳創始於 1885 年。

日本自十九世紀中葉後，對國際貿易變得更加開放。此後，來到日本的外國旅客開始認識到壽司與其他的日本食物，但全球的壽司熱潮一直要到二戰後才興起，從 1960 年代末的美國發源，並在 1980 與 90 年代傳播至世界各地。一開始，非日籍的外國人還必須要有人為他們解釋，才知道什麼是壽司。《洛杉磯時報》（*Los Angeles Times*）在 1957 年的一篇短文告訴打算前往日本的旅客，要有心理準備會在飛機上吃到一個叫「壽司」的東西：「西北航空（Northwest Orient Airlines）告知旅客壽司是一種米飯三明治，深受日本人與遊客喜愛。」隨著壽司向外傳播，在日本以外的地區，這個一度被視為難以下嚥（甚至危險）的食物，也逐漸演變為精緻時髦、有益健康且如今因太受歡迎而變得「平凡」的美食。

然而，席捲全球的壽司熱潮亦導致人類對魚群的需求量增加。魚類的移動不受國界限制，且國際法規對魚類的保護並不均等。在大西洋的一頭，藍鰭鮪的捕撈可能會遭到限制，但在另一頭，最惡劣過當的工業捕魚活動卻有可能受到允許而持續進行。

壽司有益或有害健康的程度，也成了全球的爭論焦點。當核島核災在2011年三月發生後，在太平洋另一頭關注此一事件的人也開始擔心壽司在食用上是否安全無虞。本章會從不同層面檢視壽司在全球傳播的現象，從餐廳、漁撈，到漁撈及壽司消費相關的國際衛生問題，皆納入討論。然而，隨著新冠病毒的蔓延，世界各地的迴轉壽司店將面臨怎樣的命運，在這本書撰寫之際仍無法確知。

壽司傳入美洲

1885年，查爾斯・卡梅（Charles Kame，又名「濱田濱之丞」〔Hamada Hamanojo〕）在美國洛杉磯開了首間日本人所有的餐廳，名為Kame（「龜」的日語）。該餐廳位於東一街（East First Street），後來其所在區域被稱為「小東京」（Little Tokyo）。其所販賣的是西餐，就和另外兩間在1892年前開設於小東京附近、同樣為日本人所有的餐廳一樣。至於首間日本人所有的日式餐廳，則是在1997年開設於舊金山的Yamado。六年後，大洛杉磯地區也迎來了首間日式餐廳Mihatei。該餐廳於1893年開幕，地點在中國城的一間公共澡堂隔壁。在那之後，其他數間日式餐廳也陸續在洛杉磯的同一地帶開設。

有人認為早在1906年，小東京就已經有餐廳開始供應壽司。但在1960年代的美國，日式餐廳供應的典型料理（至少對白人來說）是壽喜燒，一種將牛肉和蔬菜放在一起煮的火鍋。一本在1946年出版的日本料理指南將壽喜燒稱為「日本的代表性美食，相當於英國的烤牛肉」，同時也警告非日本讀者要遠離刺身和壽司等料理，因為那些食物會「令他們感到噁心」。有些日本人也經營中式「炒雜菜」餐廳。直到1927年為止，洛杉磯有多達60家日本人所有的中式餐廳，為白人顧客提供平價的料理。

雖然1907年的《日美紳士協約》（*the Gentlemen's Agreement of 1907*）禁止日本成年男性移民到美國，但根據一份報告所示，直到1909年為止，美國西部共有149家日本人所有的西式餐廳，以及超過232家日本人所有的日式餐廳。1915年的洛杉磯電話簿上列有715家日本人所有的公司行號，包括西式與日式餐廳、味噌製造商、清酒釀造廠、米舖、菜攤與肉舖，以致在洛杉磯也能買到當地生產的魚板（kamaboko）、日本麵條、納豆、仙貝和醬油。日本企業最初展現的發展活力在《1924年移民法令》頒布後受到窒礙，因為該法令禁止所有的亞洲人移民到美國，其中也包括日本人。而二戰的爆發不僅造成西岸的日式餐廳倒閉，也導致加州與其他州的日裔美國公民在1942年遭到強制驅離與囚禁。

小東京的一家餐廳不僅撐過了戰爭，也可能是首間販賣壽司給日本人與白人顧客的餐廳。1921年，日僑川崎安二郎（Kawasaki Yasujiro，1892-1978年）在聖佩德羅街111號（111 San Pedro Street）開設了「松乃壽司」（Matsunosushi 或 Matsu No Sushi）。《新世界》（*Shin Sekai*，在舊金山發行的日語報紙）的一位記者在描述該餐廳的餐點時，順帶提及了壽司，也做出評論，表示定價25分錢的便宜丼飯（donburi）受到白人大學生歡迎。川崎的餐廳在1933年遷移到東一街313號時，刊登在洛杉磯日語報紙《羅府新報》（*Rafu Shimpo*）上的餐廳公告表示，搬遷新址的松乃壽司將「滿足喜愛壽司的日本與少數美國客人」。川崎將這棟新建物登記在子女名下，因為非美國出生的日本人依法不得擁有財產。1937年，攝影師赫爾曼・舒爾泰斯（Herman Schultheis）捕捉到一名白人男子在松乃壽司前凝視櫥窗的情景。《羅府新報》的一位作家指出松乃壽司的老闆透過櫥窗，提升了其握壽司的能見度：

若要我在小東京挑出櫥窗特別精美的一間店，我會毫不猶豫地說是松乃壽司。松乃壽司在靠近聖佩特羅街的東一街上。有時我會看到路過的美國人停下腳步，站在櫥窗前欣賞充滿異國風味的美麗展示品。我只希望他們能用一種不會突兀的方式加上英文「註腳」，說明那些食物樣品是什麼，那就好了。比方說「壽司——Japanese Sandwich（日本三明治）——25分錢」，諸如此類的。

這也讓我想到，如果路人能站在櫥窗前觀看壽司實際上如何製作，那該有多好啊。

松乃壽司於1947年重新開幕，持續營業到1978年安二郎逝世為止。而在同一年，該餐廳的公告也從《羅府新報》上撤了下來。

二戰過後，1954年的洛杉磯只剩下56家日本人所有的餐廳，其中有16家供應日本料理，9 家供應中餐，31 家供應西餐。位於紐約的三家日式餐廳（包括 1910 年創立的 Miyako）也因為二戰爆發而關閉。直到《1965 年移民法案》（*Immigration Act of 1965*）通過，解除了亞洲人、南歐人以及東歐人的移民限令後，日本人合法移民美國的權利才得以重新恢復。

在戰後美國的壽喜燒全盛時期，檀香山是 1950 年代早期至中期唯一在餐廳能經常找到壽司的地區。《日本料理（經過測試的食譜）》（*Japanese Foods (Tested Recipes)*）是檀香山日僑組織「希望協會」（Hui Manaolana）於 1956 年出版的料理書。書中不僅包含握壽司與卷壽司的食譜，也刊登了數家壽司餐廳的廣告。位於國王街（King Street）與皮科伊街（Piikoi Street）轉角的紫藤花餐廳（Wisteria Restaurant）宣告以「東京壽司」作為主打料理，但同時也提供「美味的美式風格餐點」。另一家位於卡拉卡瓦大道 1309 號（1309 Kalakaua Avenue）的餐廳自封為「壽司中心」，並宣稱其招牌菜是壽司。最後，位於貝瑞坦尼亞街（Beretania Street）的天婦羅店 Tsujita Tempura 則提供外帶壽司服務。

根據美國報社的報導，壽司在美國本土開始流行的跡象最早出現在 1960 年代。儘管知名美食評論家克雷格・克萊本（Craig Claiborne，1920–2000 年）在 1963 年時，觀察到壽司對某些紐約人來說太過「標新立異」，相較之下他們更喜歡壽喜燒，然而三年後，他在某個評論餐廳的專欄中，除了描述曼哈頓的日式餐廳激增外，更表示他對壽司的看法已完全改變。克萊本特別提到的壽司餐廳包括位於西 46 街 41 號（41 West 46th Street）的 Kamehachi，以及位於東 52 街 145 號（145 East 52nd Street）、較古老「奢華」的 Nippon——後者有自己的壽司吧，也有全紐約市最優質的「生魚片和醋飯」。雖然對紐約人來說，「『筷子』曾像是一首幼稚的鋼琴練習曲，但如今他們已變得很習慣日本食物，甚至有些人對生魚料理、刺身和壽司的熱衷程度，就如同過去他們對早餐玉米片的喜愛一般。Nippon 在 1963 年開幕，也就是在戰後紐約第一家日式餐廳 Kabuki 創立的兩年後。Kabuki 是京都知名餐廳的同名分店，其京都本店於 1964 年創立，也就是在紅花（Benihana）鐵板燒餐廳在紐約開幕的同一年。如同紅花，1965 年在紐約市創立的 Kamehachi 也是一家連鎖日式餐廳，在美國共有十五個據點。1967 年，Kamehachi 在芝加哥開設了一間分店，由第二代日僑瑪麗翁・小西（Marion Konishi，餐廳創始人的姪女）負責經營。該分店最初位於北威爾斯街1617號（1617 North Wells Street），也就是在芝加哥著名的「第二城」（The Second City）即興喜劇劇團對面。演員約翰・貝魯西（John Belushi）據說是Kamehachi的常客。他在1970年代經常出演周六夜現場（Saturday Night Live），並在當中以日本武士的造型扮演不同職業的人，包括廚師。

《日本料理（經過測試的食譜）》

《日本料理（經過測試的食譜）》是檀香山日僑組織「希望協會」（Hui Manaolana）於1956年出版的料理書。書中收錄了壽司飯的作法，以及六篇不同的壽司食譜。針對壽司飯的部分，該書作者群建議米要用加了昆布的滾水先煮三分鐘。這是一種能使飯變美味的常見技巧，因為昆布含有天然的麩胺酸鈉（俗稱味精）。接著混合杯（80毫升）的醋、5大匙的糖、1大匙的鹽和2小匙的「鮮味粉」，加入飯中以進一步調味。鮮味粉是人工味精，明確地說就是日本產品「味之素」（Ajinomoto），在這本料理書中不僅用於許多食譜，而且還有一整頁的廣告。將這些調味料倒入平底鍋內，加熱直到糖和鹽溶解為止，再將混合醬汁加入熱騰騰的飯裡。最後用扇子將醋飯搧涼。

圖卡　伊達（Tooka Ida）女士創作的鮪魚握壽司食譜採用了上述的壽司飯作法。該食譜也使用了鮪魚（在夏威夷和日本被稱為shibi，日文為しび），以及用來取代山葵的芥末或辣根。

鮪魚握壽司

份量：六至八人份

1磅鮪魚

1小匙芥末醬或磨碎的辣根

準備4杯米，用於製作壽司飯

將壽司飯放涼的同時，將鮪魚切成1英吋×2英吋×英寸（4公分×5公分×3公釐）的片狀，尺寸比刺身大一些。將壽司飯捏成稍微扁平的蛋形小球，然後將一片鮪魚壓在飯上。飯和鮪魚片中間要沾一點芥末或辣根醬。用刷子在鮪魚片表面刷上甜味醬汁。

甜味醬汁的作法：

杯醬油，1大匙清酒，1小匙糖。

用文火烹煮，直到醬汁變濃稠為止。

變化版：

改用水煮蝦肉，剖開攤平後以醋醃漬。

在1960年代的同一時期，壽司餐廳陸續在加州設立，且大多是由未受專業廚師訓練的第二代日僑所經營。洛杉磯小東京的Kawafuku是第一家在1965年（某些學者認為是1962年）裝設玻璃壽司展示櫃的餐廳。在1960年代還有另外兩家壽司店跟進，儘管當時也有其他的小餐館販賣壽司。

直到1970年為止，洛杉磯的日式餐廳大多都還是位於小東京。不過，隨著餐廳業者在其他社區開店，情況開始改變：日式餐廳的數量在1969年是34間，到了1979年已增加到148間。美國的日式餐廳最初在1960年代有所成長，主要是因為這些餐廳的創立，是為了滿足在海外工作生活的日本商人與其家人。不過，日式餐廳在1970年代大幅增長，則是因為找到了更大的市場。

松本紘宇（Matsumoto Hirotaka）是一名日裔餐廳老闆，從1970年開始在紐約踏入這一行。他針對壽司為何在美國的非日籍食客間開始流行，提出了一些解釋。根據他的觀察，最初敢鼓起勇氣走進日式餐廳的非日籍人士，只有那些曾旅居日本的人或是「嬉皮」（1960年代反文化運動的一部分）。然而，由於日本的消費品自1970年代起大量湧入美國，加上美國人與在美日本人的互動增加，促使美國人開始接觸日本食物。不過，還是要等上一段時間，美國人偏好的料理才從壽喜燒轉變為壽司。根據松本所述，大多數的美國人以為所有的魚味道都一樣，原因是他們都用相同的方式烹調：不是加奶油一起煮，就是用油炸。相形之下，壽司則提供了一種料理方式，使他們了解到不同種類的魚味道能有多大的差異。美國人也很喜歡壽司在吧台上製作時的表演成分：他們能坐在吧台前品嘗少量的壽司，而不必點一整份套餐。這點和法式餐廳恰恰相反：絕不會有人獨自去餐廳吃法國菜，以免被安排坐在廁所旁的位子。至於壽司受歡迎的最後一個原因，松本和其他許多人都認為是因為美國參議院營養與人類需求特別委員會（United States Senate Select Committee on Nutrition and Human Needs）在1977年公布「麥高文報告」（McGovern Report）後，壽司逐漸被認定是一種健康食物。這份報告是以委員會主席喬治．麥高文（George McGovern）參議員命名而來，當中建議美國人要改變飲食習慣，遠離高油脂與加工類食品。而相較於牛肉，壽司確實是一種健康食物。

壽司在美國媒體上既是日本的代表性美食，也是該國最具異國色彩與受到推崇的烹飪成就，而這些形象也進一步提升了壽司的地位。美國的記者們效法克雷格・克萊本對壽司的看法。克萊本在 1968 年寫道：「雖然從未有人如此宣稱，但壽司很可能就是日本的國菜。」在他寫出這段宣言的同時，他甚至還得為他的讀者定義何謂壽司：「壽司顯然就是將各種一口份量的新鮮生魚和海鮮，壓在以醋稍加調味的冷飯上。」七年後，克萊本仍在為惴惴不安的的讀者介紹壽司，並暗示那些尚未嘗過壽司的人不懂美食。1975 年，他在《紐約時報》（*New York Times*）與《芝加哥論壇報》（*Chicago Tribune*）共同刊載的專欄文章中寫道：「對缺乏經驗的味蕾來說，壽司——將生魚放在飯上的料理，是這個世界的一大烹飪奧秘……然而對那些熱愛壽司的人而言，不論是在日本內外，壽司都是一大美食奇蹟。」在克萊本撰寫該篇文章前的那一年，紐約市有超過 150 家日式餐廳。

有鑒於日本的經濟存在（economic presence）在 1970 年代逐漸增長，壽司是日本國菜的這項說法極具意義。日本或許在 1970 年代告別了雙位數的經濟成長率，並在1974年遭逢短暫的經濟衰退，然而，由於日本對美國出口額持續穩定增加，以致到了1980年代中期已是美國對日本出口額的兩倍。在企業與工會說客的鼓吹下，美國在1981年透過談判，對日本在1970年代的出口實施限制，受影響的項目包括鋼鐵、彩色電視和汽車。然而在同一時間，美國的消費者不僅開始關注日本商品，也欣然接受了日本食物。「在美國餐廳裡，日本料理的力量，」食品研究學者克里什寧杜・雷伊（Krishnendu Ray）寫道，「有一部分和日本崛起為經濟文化強權有關，因為這使得他們的食物變成一種充滿異國風味的『外國』商品，或許也可說是一種『出自知名設計師』的商品，有點類似過去美國人想像中的法國料理。」貝瑞・希倫布蘭德（Barry Hillenbrand）在1980年為《芝加哥論壇報》寫了一篇關於壽司的文章，並將標題訂為〈可疑的生魚料理儀式——出自為你帶來Sony的那一群人〉（'From the Folks Who Brought You Sony Comes a Fishy Ritual in the Raw'）。希倫布蘭德將壽司的崛起與日本增強的經濟力量相提並論，寫道：

> 一排排身穿白襯衫的日本企業戰士出發到海外奮戰，為日本這個

大型企業打造一個安全的全球環境。過程中，他們在洛杉磯、紐約和（有限範圍內的）芝加哥設立了相當於戰地廚房的據點，為戰士們供應壽司。

壽司或許在美國報紙中被描述為日本國菜，但1970年代的美食作家們解釋美國人還是需要有人指點他們壽司的吃法。為《芝加哥論壇報》撰稿的珍·索茲法斯·弗萊曼（Jane Salzfass Freiman）形容壽司是「日本的速食」，但美國人需具備特定的文化知識，才知道要如何點餐。這不僅是因為壽司師傅「幾乎不懂英文」，她闡述道，「也是因為掌握點餐與享用壽司的藝術，能讓你透過奇特又完全屬於日本的視覺、嗅覺、味覺、語言與儀式，帶著愉快的心情踏入複雜的日本料理世界，展開一段奇妙又有趣的冒險旅程。」弗萊曼為突顯壽司的異國特色所做的努力包括針對如何點餐提供指引，以及說明握壽司與卷壽司的差異。接著她也介紹了六家值得一試的芝加哥壽司餐廳。

在1980年後（詹姆士・卡萊維〔James Clavell〕寫於1975年的小說《幕府將軍》〔*Shogun*〕在那一年被翻拍成迷你電視影集，並且有超過32%的美國家庭收看），美國主要大報已不再需要為其讀者解釋何謂壽司，但壽司仍是深諳其道的人才會吃的食物。那年，蘇珊・漢姆林（Suzanne Hamlin）在她為《芝加哥論壇報》和《紐約每日新聞》（*New York Daily*）所寫的文章中，敘述壽司「吸引的是具有好奇心的人、知識分子（純粹的食物帶來純粹的思想）、飲控者、旅客、養身達人與美食家——換句話說，就是大多數的人」。漢姆林計算出紐約市有30間壽司吧，但同時也注意到壽司在西岸的發展甚至已變得更顯著。

如今在加州，壽司就和衝浪一樣，已根植於當地的文化之中。如同數位手錶、計算機和電腦，壽司看來也會是一種普遍為人所接受的外來品。而且壽司幾乎在所有其他的都會地區，都正開始流行。

在洛杉磯（至少在1980年代早期以前），壽司就餐廳與外食文化而言已變得相當普遍。根據日本貿易振興機構（Japan External Trade Organization，簡稱JETO）在2018年的調查所示，如今加州的日式餐廳比美國其他州都要來得多。在美國，主要供應日本料理的餐廳有14,129間，其中大多分布於加州（4,468間）、紐約州（1,892間）、佛州（1,266間）、華盛頓州（898間）和德州（802間）。我的家鄉堪薩斯州名列第33名，共有74間日式餐廳，而南達科他州則位居最後，只有6間。

從約翰．休斯（John Hughes）在1985年的電影《早餐俱樂部》（*The Breakfast Club*）中，可以看出壽司相關知識的文化資本價值。約翰．本德（Johon Bender，由賈德．尼爾森〔Judd Nelson〕飾演）在片中詢問克萊兒．史丹迪許（Claire Standish，由摩莉．倫華〔Molly Ringwald〕飾演）午餐吃什麼。當她回答壽司時，他需要有人為他解釋，才知道那是什麼，而這突顯出嬌嬌女克萊兒與小混混約翰在社會地位與見識上的差異——約翰甚至沒帶午餐。在這裡我想稍微聊一下自己的生活經驗。當《早餐俱樂部》上映時，我還是個高中生。我和朋友在這部電影的刺激下去吃了壽司，因為我們都想知道當個有錢又受歡迎的小孩是怎麼一回事。當時我已經知道《壽司女孩》（*Sushi Girl*）這首歌了。這是舊金山「水管樂團」（The Tubes）在1981年推出的歌曲，歌詞內容圍繞著壽司（sushi）和一個名叫「蘇琪」（Suki）的女孩。

水管樂團並非最早也絕非最後嘗試將壽司和性扯上關聯的一群人。《城市詞典》（*Urban Dictionary*）收錄了許多用壽司代稱各種性行為、性感男人或女性生殖器的例子。高中生都很清楚這類影射的含意。注意賈德·尼爾森在《早餐俱樂部》中回答摩莉·倫華時所說的名言：「妳不能接受別人把舌頭伸進妳嘴裡，卻要吃那種東西？」1984年的電影《追討者》（*Repo Man*）當時在高中生之間同樣很受歡迎，主演的艾米利奧·艾斯特維茲（Emilio Estevez）後來也出現在《早餐俱樂部》中。這部電影不僅將洛杉磯的龐克音樂介紹給觀眾，也留下了一句帶有龐克精神、令人印象深刻的台詞：「我們去吃壽司，然後不要付錢吧！」這些龐克族對壽司抱有渴望，但同時又對這種他們負擔不起的上流食物感到嫌惡。一名《紐約時報》的餐廳評論家在1987年曾發表其見，認為「壽司已成為速食版的行政套餐」。在不到二十年內，壽司已從嬉皮所愛演變為雅痞專屬的食物。

西岸的壽司餐廳由於能從日本取得食品，加上樂於創新，因而享有最初的地理優勢。早在1950年代，互惠貿易公司（Mutual Trading Company）就已開始向加州的餐廳與消費者供應日本產品。十年後，日本航空（Japan Airlines）更開始從日本東京主要的魚市場「築地」，運送貨物到美國西岸。

洛杉磯的小東京也是加州卷的誕生地，起源時間有可能是1962年、1964年或1971年，會根據故事版本而有所不同。有些人聲稱用酪梨、蟹肉棒和美乃滋製成的加州卷，是在無法捕到魚的特定月份裡，為了代替生魚卷壽司而創作的新產品。另外有些人則認為加州卷是為了讓美國白人較容易接受而誕生的改良品，尤其是將白飯外翻用來遮掩海苔這點，使得這項說法更具說服力。根據一位學者的調查結果所示，在嘗試探究加州卷的起源時會遭遇到一個難題，那就是美國的報紙一直要到1979年，才提及這種食物。對許多美國人來說，不論在哪種場合，加州卷都是他們嘗試日本食物的一個途徑，就如同酪梨醬（guacamole）和烤玉米片（nacho）是他們嘗試墨西哥食物的切入點一般。

日式餐廳過去在美國的價位都很高，直到迴轉壽司店擴展市場後，情況才有所改變。美國的第一家迴轉壽司店是元祿壽司（Genroku）的分店，在1974年開設於紐約的曼哈頓。這間元祿壽司位於第五大道366號，從紐約公共圖書館（New York Public Library）收藏的一份1985年菜單中，可以看出該餐廳同時供應中國與日本料理。菜單上以「中日迴轉料理」作為宣傳，並列出了握壽司、牛肉炒雜菜、春捲（harumaki）以及酸辣湯或味噌湯等菜色。此外，店內也販賣外帶壽司。迴轉壽司使餐廳業者得以節省成本，而顧客也能因此受惠。顧客一坐下就能開始取餐，完全不需要服務生招呼，只需要一台結帳機，用來清點顧客拿取的盤子種類和數量。迴轉壽司店價格透明，加上沒有令人生畏的外國籍主廚在現場與客人互動，因此是一個讓人很容易就能踏入壽司世界的管道。Sushida連鎖迴轉壽司店在1987年登陸紐約，並在十年內開設了五十個據點。三年後，第一個用機器製作的壽司在紐約市的連鎖迴轉壽司店登場，使得工資甚至能維持在更低。不過，根據餐廳業者松本紘宇的說法，較高檔的壽司餐廳並未因這些低價的競爭者而流失顧客，因為他們鎖定的是高級消費市場。

到了2003年，美國各州都有日式餐廳，且七成是由日本人所經營，但這個數字已逐漸改變。如今，美國有八成的日式餐廳是由非日裔人士所經營，其中有許多是亞洲人，來自台灣、泰國、印尼、中國、南韓、菲律賓、柬埔寨和越南等國。促成這項轉變的其中一個原因，在於上一代的日本餐廳業者退休後找不到繼承人。食品研究學者克里什寧杜．雷伊寫了許多有關餐廳業族裔繼承（ethnic sucession）的論述。他觀察到族裔創業家（ethnic entrepreneurs）最初會成功，是因為他們能善用源自家鄉的獨特料理知識。族裔廚師也能透過勤奮工作以及為親戚無酬工作，彌補資金的不足。成功創業的人能負擔小孩的大學學費，但對那些大學畢業的第二代來說，相較於其他的職涯規劃，回到餐廳辛苦地工作較不具吸引力。於是，許多餐廳老闆的兒女選擇另謀出路。根據雷伊所述，在美國，一家餐廳的日裔老闆若想雇用日裔廚師，通常會比雇用其他亞洲國家的廚師，需要付出更多的薪水。然而，非日裔亞洲人會想要踏入日式餐廳這一行，主要是因為日本料理具有崇高的聲望，地位較接近法國料理或其他歐洲料理，而非所謂的「民族」料理。雷伊解釋「民族」料理不是因為食物品質差而被低估，確切地說反而是因為在美國，這些民族的人口較多。相較於供應菲律賓或墨西哥食物，菲律賓裔的餐廳老闆若被看作是日本人，並在店內提供日本的食物，收費就能高上許多。拉瑞希・賈雅桑克（Laresh Jayasanker）描述了近年來，壽司廚師逐漸從日裔轉變為其他族裔的現象。他觀察到「過去站在壽司吧台後方的人，或許必須要長得像日本人才行，但如今在許多地方，已逐漸能看到墨裔美籍的壽司廚師（墨西哥人稱他們為 susheros）在製作鮪魚卷」。

在美國，非日裔的餐廳老闆兼經營者帶來了創新，但也引發了批評。中國福建省的移民在 1980 年代來到紐約，其中有許多人進入餐廳業，並體認到他們賣卷壽司可以賺到的錢，比賣春捲要多上許多。此外，壽司吸引到的顧客也比中菜要多，因為中菜會令人聯想到快炒和麩胺酸鈉（味精）。這些中式餐廳業者在他們的店裡裝設壽司吧，並創作出新的卷壽司和配料。如今，這些創新發明已成為美國的主流壽司種類，而且在超市都買得到，例如淋上辣味美乃滋、中式鰻魚醬、辣醬和其他醬料的卷壽司。這些創新的卷壽司為中式餐廳業者帶來了利潤，但對顧客而言仍比日式餐廳的壽司要便宜許多。

主廚小川洋利（Ogawa Hirotoshi）自稱是「壽司武士」，並聲稱曾去過四十個國家，觀察當地日式餐廳的情況。他記得美國的日式餐廳是由「本地人」站外場，說西班牙語的人站內場。儘管小川哀嘆墨西哥裔和南美裔的廚房員工工資過低，但同時也提出警告，要民眾提防那些由從未吃過壽司的人（其中有九成的人也從未處理過生魚）所經營的日本海外餐廳。小川敘述他曾目睹廚師用剛切過生肉的同一塊砧板處理魚肉。他提醒民眾，這種作法不僅會增加食物中毒的機率，也很可能會損害日本料理與壽司的正面形象。

由於在海外，非日本人所有的日式餐廳急遽增加，加上其餐點品質參差不齊，以致日益擔憂的日本農林水產省在2006年啟動了一項認證計畫，目的是要頒發證書給提供「道地」日本料理的海外日式餐廳。在美國媒體的報導中，此一措施被形容是「壽司警察行動」（Sushi Police）。而這項2006年的認證計畫最終宣告失敗的原因，就在於日本政府主張他們有權力決定海外日式餐廳的正統性。儘管如此，自那時起（事實上早在2006年前就已開始），日本政府便持續努力在國際間推廣日本食物，藉以在海外建立良好形象，並改善貿易差額。「日本傳統飲食文化（和食〔washoku〕）」在2013年獲得了聯合國教科文組織（United Nations Educational, Scientific and Cultural Organization〔UNESCO〕）的認證，而這也是近期日本政府最豐碩的一項成果。如今，日本政府會向非政府組織提供協助，並透過他們邀請非日籍的餐廳業者與廚師取得日本食材與廚藝的相關認證，藉以影響海外日式餐廳所販售的食物類別。由小川洋利擔任院長的「世界壽司廚藝學院」（World Sushi Skills Institute）是「日本政府唯一認證的壽司協會」，每年都會舉辦壽司盃，讓海外廚師能來日本贏得「黑帶」。另外，小川也和日本貿易振興機構合作，自2014年起在國際間舉辦壽司廚藝訓練工作坊，並透過這些課程授予學員認證。

「壽司警察」的事件後來在2016年被改編成日本系列動畫，而這也顯示出日本人對非日籍人士製作日本料理所感受到的焦慮，已散播到日本的流行文化中。在每集五分鐘的動畫中，來自「世界飲食文化保存機構」（World Food Conservation Organization）的三人警官小隊都會到海外尋找非正統的和食。壽司警察會攜帶山葵機關槍、用來收集非法壽司的吸塵器和筷子雙節棍，搜查世界各地的非法壽司餐廳。《壽司警察》以詼諧的方式，模仿日本政府認證海外壽司的積極行動，但在同時也暗示日本人對外國的壽司感到恐懼是有道理的，因為這些壽司來源可疑、損害健康又違背道德。從動畫中，可以看到魚因為要被用來做成這些噁心的壽司而哭泣。

散布全球的壽司

日式餐廳在歐洲的設立遵循著之前在美國的模式，同樣也發生在日本企業與資金大量湧入的時期，而且最初也是由日僑所開設，以滿足日本同胞的需求，之後才開始擴展事業，以迎合其他客群。《泰晤士報》在1965年的一篇文章聲稱「自從戰爭發生後，已有數千家印度與中國餐館興起，然而在全英國上下，竟然找不到任何一間專賣日本料理的餐廳」。這樣的情況讓作者認為有必要向讀者提供一篇壽司食譜，因為「壽司在日本廣受喜愛，且在任何時刻和場合都能享用」。該篇食譜所使用的材料也包括味之素（也就是味精）——「日本的萬用調味料」。

隨著日資的投入，日僑自1960年代起陸續設立餐廳，將壽司引進歐洲。不久後，來自其他國家的亞洲人也開始開設他們自己的日式餐廳。日本人在1962年於德國漢堡（Hamburg）開設了戰後的第一間日式餐廳，兩天後又在杜塞道夫（Düsseldorf）開了另一間。如今，杜塞道夫有歐洲最大的日本人社區，但那裡的日式餐廳大多為韓國人或中國人所有，又或者是隸屬於德國的連鎖餐廳品牌。根據飲食研究學者卡塔奇娜・斯維卡（Katarzyna Cwiertka）所述，壽司在美國流行文化中的重要性，促使以非日籍顧客為目標客群的餐廳開始登陸歐洲，進而造成壽司在1990年代的蓬勃成長，並帶動了歐洲日式餐廳的發展。

如同美國的情況，迴轉壽司餐廳的出現使壽司在歐洲變得更普遍也更容易負擔。最早的迴轉壽司餐廳在1984年於巴黎開幕。至於創始於倫敦的壽司連鎖店Itsu Sushi和Yo! Sushi，則是在1997年登場。Yo! Sushi的創辦人是西蒙・伍道夫（Simon Woodroffe）。他曾在倫敦與洛杉磯籌辦搖滾演唱會，並從中汲取行銷經驗。另一個連鎖壽司餐廳Moshi Moshi則是由卡洛琳・班奈特（Caroline Bennett）於1994年創辦，和Yo! Sushi一樣以都市人口作為目標客群。根據日本貿易振興機構在2015年的調查，倫敦共有518家日式餐廳，而在其中的440家壽司餐廳中，有125家是連鎖店，包括有31間分店的Yo! Sushi，以及有6間分店、由日本人所有的Atari-ya壽司吧。同年，義大利全國共有630家日式餐廳，其中包括6個不同的連鎖壽司品牌。

在東歐，壽司於1990年後來到波蘭，並從華沙開始興起。從2001年到2014年，東歐的壽司餐廳數量成長了10倍，從最初的12家增加到120家。在俄羅斯，2001年於聖彼得堡開幕的Evraziya餐廳如今已有100間分店，其中有21間在烏克蘭。

在香港，高檔日式餐廳在1960年代陸續開設，並以在海外工作的日本人為目標客群，但日本料理真正開始大受歡迎的時間始於1980年代。在香港於1997年回歸中國後，吃日本料理成為了香港人將他們與大陸人區別開來的一個方法。

壽司漁撈邁向全球化

隨著日式餐廳散播至全世界，日本食物的原料取得方式也有了相同的發展。此一情況改變了全球的壽司，其中尤以日本所受影響為甚，因為自繩文時代（Jomon period，西元前10000年到2000年中期或1000年）起，海鮮一直都是日本飲食中相當重要的一環。儘管以漁獵採集維生的繩文人所吃的海鮮約有五十種，但在今日，由於日本的漁撈業與海鮮業觸角延伸至全球，以致日本人所吃的海鮮約高達兩百種。

日本的商業漁撈始於中古時期，當時在琵琶湖的大規模捕撈作業中，漁夫會利用網子和魚梁捕捉淡水魚，以供應給京都的市場。伊勢灣、若狹灣和伊豆也是中古時期的重要漁港。然而，日本的商業漁撈要到早期現代時期才開始蓬勃發展。在十七世紀，幕府政府鼓勵關西地區的漁夫到江戶定居，並讓漁村享有江戶灣內及附近水域的使用權。在江戶灣捕魚的四十五個漁村將部分魚貨降價賣給政府，而作為回報的是，他們在早期現代的大部分時間都不需要繳稅。儘管這項法令在1792年已有所變更，但這些漁村仍經常獲得稅收減免。

江戶的人口到了1700年已超過一百萬人，導致附近水域的海產需求量變得更大。在早期現代期間，「江戶前」成為了「新鮮海鮮」的代換詞，且用來指稱的範圍從一開始的江戶河川與江戶灣（約920平方公里或355平方英哩），到後來擴展到涵蓋太平洋沿岸的相模國、阿波國、上總國和下總國（即現代的神奈川縣、德島縣與千葉縣）。魚是當時重要的蛋白質來源，其中沙丁魚和鯡魚還會用漁網捕撈以作為肥料。江戶在十九世紀早期的高海鮮消耗率，使運送魚貨到江戶變得有利可圖。

在早期現代時期，為預防非法貿易與鞏固國界而實施的深海捕魚禁令，到了明治時代（1868–1912年）已被解除。封建時期對捕魚活動的管控遭到廢除後，江戶灣的漁夫缺乏規範，導致1960和70年代出現過度捕撈的情形。這不僅造成漁獲量減少，江戶灣漁村的經濟更因此大幅衰退。隨著日本逐漸現代化與更加都市化，東京灣（即過去的江戶灣）的水域品質也開始惡化。都市中的工廠排放物汙染了東京灣，也流入了潮間帶，對許多海洋物種的繁殖地造成破壞。到了二十世紀初，日本的漁夫必須要到離岸更遠的海域，才能捕得到魚。在第一次世界大戰後，日本在前德國殖民地馬紹爾群島（Marshall Islands）、馬里亞納群島（Marianas）和帛琉群島（Palau Islands）上建立鮪魚捕撈基地。柴油引擎的發明則使得日本的漁船到了1930年代晚期，能在南海（South China Sea）與白令海（Bering Sea）上從事漁撈作業。

儘管第二次世界大戰摧毀了日本的漁船隊與港口，但除了二十世紀的最後10年外，日本的卸魚量在其他時期皆領先全世界。日本的捕撈活動最初造成太平洋的魚群枯竭，而到了二戰後，影響已擴及全球。針對日本的工業漁撈作業為何從1950年代起持續擴張，學者瓦茲拉夫・史密爾與小林一彥提出了四個原因。第一，為了供給漁業，日本迅速發展其造船作業。第二，柴油在1950與60年代價格便宜，以致長距離的漁撈作業符合經濟效益。第三，日本的人口擴張為漁業帶來了更多的廉價勞工。而最後也是最關鍵的原因，則在於國際法規定一個國家的主權延伸到離岸5公里（3英哩）為止的海域，因此海洋很容易遭到剝削。除了上述這四點外，冷藏技術的進步也可被視為另一個原因，特別是工業漁船所使用的急速冷凍設備問世後，魚貨因而得以保鮮，並在最佳時刻與狀態下送至市場，以取得最好的價格。這些發展促使漁船隊鎖定藍鰭鮪與其他高價魚類，並導致東京築地市場到了1980年代，出現了一筆天價的鮪魚交易：一隻鮪魚（不確定是被行駛於赤道海域的拖網漁船捕獲，或是從北大西洋空運而來）賣出了相當於數萬美元的價格。這些情況進一步造成了藍鰭鮪的濫捕。

舉例來說，據估在2000年，日本的藍鰭鮪總漁獲量是其通報漁獲量的三倍，相當於那一年全球的藍鰭鮪漁獲量。到了東京灣和大阪的商業漁撈分別在1962年前和1969年前終止時，日本已發展出大規模且先進的長程漁船隊，以供應其市場所需。日本的卸魚量一直維持全球最高，直到1994年才被中國超越。到了那時，江戶前一詞的定義早已限縮到只用來指稱新鮮的魚，而不論其來源為何地。

除了運作自己的漁船隊外，日本也從全球的其他生產國進口魚貨。根據聯合國糧農組織（Food and Agriculture Organization of the United Nations，簡稱 FAO）的報告，截至 2016 年，日本在全球的海鮮卸貨量名列第七名，位居中國、印尼、印度，美國、俄羅斯與秘魯之後。而在這些國家中，有許多都將魚貨運輸至日本。在 1985 年到 1995 年間，日本的海鮮進口量增加了一倍，並超過 300 萬公噸，使日本人口得以享受最大限度的人均海鮮消費量——其全球占比大約是日本在全球人口占比的五倍。截至 2016 年，日本仍在人均海鮮消費量上居冠，但預計會在 2026 年被中國超越。

工業漁撈的擴展已對海洋資源與全球魚群造成損害。FAO 在 2012 年的一份報告發現超過一半的全球魚群面臨高度捕撈（fully exploited），且有將近 30% 的魚群匱乏枯竭或遭到過度捕撈，以致只剩下 12.7% 能加以擴充。不論是把全球魚群的枯竭解釋為「公地悲劇」（tragedy of the commons，也就是無人直接擁有的資源遭到剝削）或資本主義的矛盾（指經濟活動有賴於危害環境的行徑，但這些行徑反過來也會損害該經濟活動），不爭的事實是全球魚群正面臨危機，特別是藍鰭鮪等掠食性物種。在評估漁業捕撈藍鰭鮪魚群對環境帶來的衝擊時，史密爾與小林寫道：「即便完全禁止地中海與東北大西洋的漁撈活動，也可能無法阻止即將發生的漁業衰退」。除了藍鰭鮪外，根據 FAO 在 2019 年的報告所估計，每五隻魚中就有一隻是非法捕獲或未申報的魚，「對全世界海洋與其生態系統的管理是否能永續發展，帶來了嚴重的風險」。

水產養殖是有可能解決此一困境的方法之一。自 1961 年起，水產養殖的年成長率為 3.2%，約為人口成長率的兩倍；截至 2016 年，水產養殖在總值 3,620 億美元的全球卸魚量中，占了 2,320 億美元。儘管如此，水產養殖不一定能導致開放水域的漁撈活動減少。「在密集的水產養殖活動中」，地理學家貝琪・曼斯菲爾德（Becky Mansfield）寫道，「用來餵食養殖魚類的魚粉和魚油是來自野生魚類的捕撈漁業。水產養殖的興起，促使低價值魚類的捕撈活動增加，以取得製造魚粉的原料。」此外，曼斯菲德也指出水產養殖所產出的魚與那些野生的魚「在本質上有所不同」。養殖魚類是為了能讓牠們較快進入市場而進行育種，因此牠們會有各自的健康問題。魚以浮游生物為食，而養殖的蝦和鮭魚可能會接觸到用來提升浮游生物量的化學肥料。養殖魚類也可能會接觸到用來控管養殖場水環境的殺蟲劑、防汙劑、絮凝劑和消毒劑。有時牠們也會被投以抗生素、抗寄生蟲藥和抗黴菌藥，以維護牠們的健康。「由於長時間下來可能會有累積的效應」，曼斯菲德寫道，「因此很難去進行風險分析，以合理斷言這些魚類有（或沒有）和這些化學物質相關的健康問題。」

魚、壽司與全球健康疑慮

如同許多評論家已注意到的，消費者通常很難在食用魚類所帶來的健康益處與潛在不良影響中取得平衡。然而，消費者之間盛行的觀念是比起完全不吃，吃一點魚還是比較好。不幸的是，關於我們所食用的魚，我們可能無法得知所有的相關資訊。在美國銷售的海鮮有三分之一標示不實。環境污染是一個很大的問題，也因而產生了許多有關魚類與壽司是否可安心食用的問題。在此我們只能舉出部分議題。

2011 年三月的福島核電廠事故導致約四十七萬人被疏散。當時核電廠的三個反應爐遭地震與海嘯摧毀，導致在這三個反應爐周圍的沿海區域與地區，也必須面對核爆後的放射性落塵。日本政府為了清除放射性銫（radioactive caesium），運走了陸地上的表土，也剝除了樹皮，但許多專家也擔心核災對海洋生物所造成的衝擊。在 2011 年，一隻遷徙的藍鰭鮪在加州沿海被捕撈後，其體內被發現存有放射性標定核苷酸（radioactive nucleotides）。然而在 2013 年，發表於美國國家科學院院刊（*Proceedings of the National Academy of Sciences*）的一項研究發現，藍鰭鮪樣本中來自背景輻射（background radiation）的輻射量多了三或四倍。該研究也指出，因食用受核災汙染的鮪魚而攝入的輻射量，比透過醫療處置、搭機航行或食用含天然核苷酸的食物所得到的劑量還低。和陸地不同的是，洋流能分散與稀釋放射性物質。在福島核災發生數周後，於核電廠附近的海岸上偵測到的高含量銫，已減少到較低含量。在上述院刊中，2016 年的一篇科學評論針對在日本與其他地區食用海鮮的風險提出疑問，並發現海洋與淡水物種的輻射水平非常低，因此食用這些生物所帶來的風險也很低。事實上，海洋中的輻射量大多來自冷戰期間的核試爆。

在 2012 年，也就是福島核災發生一年後，日本修改了其對食物輻射水平的標準（測量單位為「貝克」〔Bacquerel，Bq〕），使他們成為全球標準最嚴格的國家之一。日本只容許每公斤海鮮有 100 貝克的輻射量，但美國卻是 1,200 貝克，中國 800 貝克，南韓 370 貝克（註：台灣 100 貝克）。日本政府制定了一項嚴格的食品檢驗計畫，並指出福島以外的都府道縣在 2014 年九月後，沒有採集到任何超過輻射量限度的海洋物種樣本；而自 2015 年四月起，福島也是同樣的情形。至於稻米、蔬菜、肉類與蛋類，根據 2015 年的政府檢測，福島及其附近共七個都道府縣皆無超過輻射水平。然而，這些結果並未使所有人相信日本國內的食物供給安全無虞。

如同輻射，塑膠微粒亦普遍存在於全世界的海洋中，並引發了健康疑慮。根據FAO在2019年的一份報告所述，塑膠微粒被發現存在於220種不同的海洋生物體內，其中有55%的生物是商業品種，包括貽貝、牡蠣、大西洋鯖與白腹鯖、沙丁魚，以及挪威海螯蝦。然而，同一份報告也指出目前欠缺相關數據，以了解塑膠微粒透過這些物種擴散至全球的嚴重程度，並表示食用這些海鮮對健康的影響仍有待查明。由於在這些海洋生物的腸道中採集到了塑膠微粒的沉澱物，因此最令人擔憂的似乎是會被完整吃下肚的較小型魚類和甲殼類，而不是在食用前內臟會被清除的較大型魚類。針對食用海鮮所造成的潛在不良影響，FAO的這份報告就和多數的文獻資料一樣提醒大眾：「根據目前證據所示，將魚類從日常飲食中排除的風險，遠比接觸到魚類產品內的塑膠相關汙染物還要大。」不過，對那些擔心海鮮裡有無形塑膠微粒的人來說，這樣的說法可能起不了安慰作用。

塑膠微粒也被發現存在於水、啤酒、蜂蜜和母乳中，但海鮮是汞中毒的主要來源之一。汞來自燃煤發電廠與非法金礦場。若因攝入這種神經毒素而中毒，有可能會導致肌肉無力、皮疹、麻痺與腎臟問題，也會對大腦的發展造成損害。魚類吸收了被汞汙染的細菌後，汞會隨著食物鏈在生物體內累積，也因此藍鰭鮪等大型掠食性魚類的汞含量特別高。美國食品藥物管理局（The U.S. Food and Drug Administration，簡稱 FDA）建議懷孕、可能會懷孕和正在哺乳的女性（也就是所有停經前期的女性），將劍旗魚和長鰭鮪的攝取量限制在一周 340 公克（12 盎司）。但正如同貝琪・曼斯菲爾德的觀察，這類指導方針並未解決汞與環境中其他汙染物的問題，反而要女性監控自己的海鮮攝取量，為她們帶來了沉重的負擔。

另一個與食用海鮮有關的疑慮是童工與人口販運。根據 FAO 在 2018 年的一份報告所作出的結論，童工在漁業和水產養殖業中相當廣泛，在全球每十名童工就有一名是在這些領域工作。根據國際勞工組織（International Labour Organization）在 2003 年的一份報告，近來非法捕魚等漁業發展趨勢，不僅促使移工受到雇用，也加速了漁業的人口販運情況。此一問題在開發中國家特別嚴重。該報告陳述：

目前為止，研究最多的強迫勞動與人口販運事件是發生在大湄公河次區域（Greater Mekong sub-Region），其中尤以泰國漁業為甚。

根據文獻記錄，欺騙與脅迫下的勞動行為也發生在紐西蘭、俄羅斯、土耳其、南韓、愛爾蘭、蘇格蘭與西非。換句話說，漁業中的強迫勞動存在於全世界多數區域，而且很可能比已知的程度還要猖獗，因為這些是未通報的活動。

上物議題對全球漁業而言是一大疑慮，不過也有一些特定的健康問題和食用壽司有關。用來製作壽司的魚肉有可能含有線蟲、絛蟲和吸蟲，若在生食的情況下有可能傳染給消費者。然而，多虧了政府訂立的法規與合格師傅的手藝，食用壽司後感染寄生蟲的情況似乎極其罕見。在美國，食藥局的食品安全管制系統（Hazard Analysis and Critical Control Points，簡稱 HACCP）規定製作壽司用的魚肉必須以攝氏負20度（華氏負4度）或以下的溫度，冷凍七天，如此長時間與低溫才足以殺死任何的寄生蟲。在英國，壽司和刺身用的魚肉必須以攝氏負20度（華氏負4度）冷凍至少24小時，或以攝氏負35度（華氏負31度）冷凍至少15小時。在類似法規存在的許久前，壽司師傅會盡可能使用最新鮮的魚，並在切片時仔細檢視魚肉內是否有寄生蟲。儘管還是有寄生蟲感染的消息傳出，但這些作法使這類情況變得相當少見。在日本，曾有人通報因食用壽司而感染線蟲（海獸胃線蟲）的案例。鯉魚和鮭魚的壽司及刺身有可能含有條蟲（廣節裂頭條蟲）的幼蟲，而這種條蟲在人類的腸道中能長到10公尺（33英呎）的長度；然而，在日本每年通報的感染案例少於100件。香魚壽司可能會含有腸吸蟲，但這類寄生蟲通常對人體無害。

吃生魚除了有可能感染寄生蟲外，也會增加因食用海鮮而患病的機率。魚類和貝類有可能會使人感染肝炎、大腸桿菌和傷寒，而這些全都是由受汙染的水所致。雪卡毒魚中毒（ciguatera）是最常見的魚類傳染病之一，也是最危險的一種。這種中毒現象是由藻華或紅潮中的微型浮游藻類產生的毒素所引起。每年大約有50,000件雪卡毒魚中毒案例，因中毒而出現的麻痺症狀有可能會導致癱瘓，有時甚至會死亡。

會影響健康的不只有和魚相關的潛在問題，還包括壽司的製作方式。壽司以健康食物聞名，但在全球的壽司餐廳、外帶小舖和迴轉壽司店廣受歡迎的卷壽司，有可能只是表面上健康，但實際上熱量、鈉含量和膽固醇都很高。我最近查看了美國中西部兩家連鎖超市的食品營養資訊，並比較了卷壽司、麥當勞漢堡和麥當勞大麥克的營養成分。結果令我大為震驚。

連鎖超市 Dillions 的火龍卷所含熱量與膽固醇是麥當勞漢堡的兩倍。某些壽司的鈉含量也令人擔憂。美國食藥局建議一天的鈉攝取值不宜超過 2,300 毫克，但美國心臟協會（American Heart Association）建議每日不超過 1,500 毫克。連鎖超市 Hy-Vee 的香酥海苔加州卷鈉含量最高，為 2,020 毫克，是每日攝取值的 87.8%，而且這還是沾醬油前的數值！

遺憾的是，我們不常有機會能輕易取得壽司的營養資訊。我在其中一家超市的某間地方分店中，找到了某些壽司產品，但這些產品的包裝上並未標示營養資訊。或許卷壽司中的炸洋蔥、天婦羅配料、醬汁、美乃滋和其他食材，已足以作為警訊，提醒著我們：我們打算盡情享用的這些卷壽司，到頭來可能沒那麼健康。

在2006年英國的《每日郵報》（*Daily Mail*）上，出現了一篇標題為〈壽司：赤裸的真相〉（'Sushi: The Raw Truth'）的聳動文章。文中警告讀者「壽司內混雜了化學物質、重金屬和殺蟲劑，有可能造成智力衰弱、生殖力降低，甚至導致癌症」。

該文章甚至還告誡讀者被汙染的鮭魚可能會造成「性別扭曲」——「使年輕男孩變得較陰柔、年輕女孩變得較陽剛，而這也可能會影響到之後的性取向」。儘管文中特別提及「蘇格蘭受汙染的鮭魚棲息湖泊，以及南歐與遠東的骯髒海洋」，但該文章並未針對壽司危及健康的說法提出佐證，也未證明食用壽司會比食用其他種類的海鮮（例如英國人喜愛的炸魚薯條）更加有害。儘管這篇

超市卷壽司的營養成分

名稱／重量	熱量	飽和脂肪（克）	鈉（毫克）	膽固醇（毫克）
Dillions 加州卷（8 盎司）	460	5	1,150	10
Dillions 火龍卷（10 盎司）	560	4	890	65
Dillions 壽司脆卷（9 盎司）	680	12	1,170	35
Hy-Vee 爽脆海苔加州卷（8 盎司）	550	2	1,900	10
Hy-Vee 香酥海苔加州卷（8 盎司）	640	7	2,020	10
Hy-Vee 海苔費城卷（7 盎司）	450	7	1,190	35
麥當勞漢堡	250	3	480	30
麥當勞大麥克	540	10	940	80

文章將所有的壽司視為「一丘之貉」，但我們必須記住一點，那就是壽司能以各種魚類製作（或是不用魚類），也能用許多不同的手法製作。身為消費者，最重要的是我們要留意食物的來源、生產與販售方式，以及食物對環境、生產者與我們自身所造成的影響。

比起胡亂譴責某種食物的準備方式（例如壽司的製作手法），比較好的作法是選擇較有益健康和環境的壽司種類。我們可以參考永續漁業指南，例如加州蒙特雷灣水族館所推出的「海鮮監控」（Seafood Watch）免費APP。這個海鮮選擇指南APP能提供建議，讓我們知道哪些魚類到岸的方式符合永續理念，哪些則否。遺憾的是，當我們坐下來享用壽司時，我們可能無法得知我們正在吃的鰹魚，是在東太平洋用拖線（trolling lines）釣到，還是在大西洋用裝有浮子的圍網（floating-object purse seine）捕獲。這表示除非我們很信任廚師，願意「交由廚師發辦」（omakase，意思是全權委任廚師挑選食材與設計餐點），否則我們在點壽司時就要有心理準備，必須要做出一些非常明確的抉擇，才能避開所有的藍鰭鮪料理，以及未獲海洋管理委員會（Marine Stewardship

Council）和水產養殖管理委員會（Aquaculture Stewardship Council）生態認證的其他野生與養殖魚類——這兩個組織皆致力於推動永續漁業與養殖漁業。在這種情況下，用自己喜歡和認定為優良的食材自製卷壽司，或許才是最好的選擇。

夏季蔬菜散壽司

（二人份）

這是蔬食版的散壽司，在我家經常會依據手邊食材而有所變化。

2杯〔480毫升〕煮好的短梗米

醋（米醋或蘋果醋尤佳）

2小匙糖

小匙鹽

錦系卵（kinshi tamago，蛋絲）的食材：

2顆蛋
1小匙糖
1小撮鹽
油

蔬菜：

1杯〔240毫升〕水煮玉米粒（新鮮或冷凍）
杯〔120毫升〕鹽漬小黃瓜：約半條小黃瓜；小匙鹽
杯〔120毫升〕水煮毛豆（新鮮或冷凍）
1顆切片的酪梨
5顆對切的小番茄
川燙切片的秋葵（可省略）

醃漬蓮藕（可省略）：長度2英吋〔5公分〕的小塊蓮藕；1杯〔240毫升〕水；用來加入滾水中的1小匙醋，以及用來醃漬的1小匙醋；1大匙糖；1小匙鹽

醃生薑（可省略）

切成細絲的紫蘇葉（可省略）

預先製作鹽漬小黃瓜與醃漬蓮藕。

鹽漬小黃瓜

將半條小黃瓜洗淨切片，切得越薄越好。撒上鹽後，靜置至少30分鐘。將小黃瓜釋出的水分擰乾。

醃漬蓮藕

將蓮藕洗淨削皮，然後切成薄片。把醋加入滾水中。水煮蓮藕片3分鐘。在

一個小碗中混合水、醋、糖和鹽，以製成醃汁。將煮好的蓮藕片放入醃汁內，至少浸泡1小時。

在一個大碗中混合一大匙的醋、糖和鹽。將煮好的溫熱白飯移到醋汁內。輕輕攪拌。靜置30分鐘，讓飯變涼到室溫的狀態。在此同時，開始製作蛋絲。

錦系卵

打蛋；加入糖和鹽。用中火加熱不沾鍋。在鍋中加入薄薄一層蔬菜油。將少量蛋液倒入鍋中，接著旋轉蛋液，就像是在製作法式可麗餅一般。將火調小，等待蛋液凝固。若看起來沒熟，就翻面再煎幾秒。將煎好的蛋皮移到盤子上。煎3–4張蛋皮，並將它們疊在一起。待蛋皮放涼後，將它們捲起來切成細絲。

把飯分裝到兩個淺碗內，再將所有食材放到飯上。

第六章

壽司的未來？

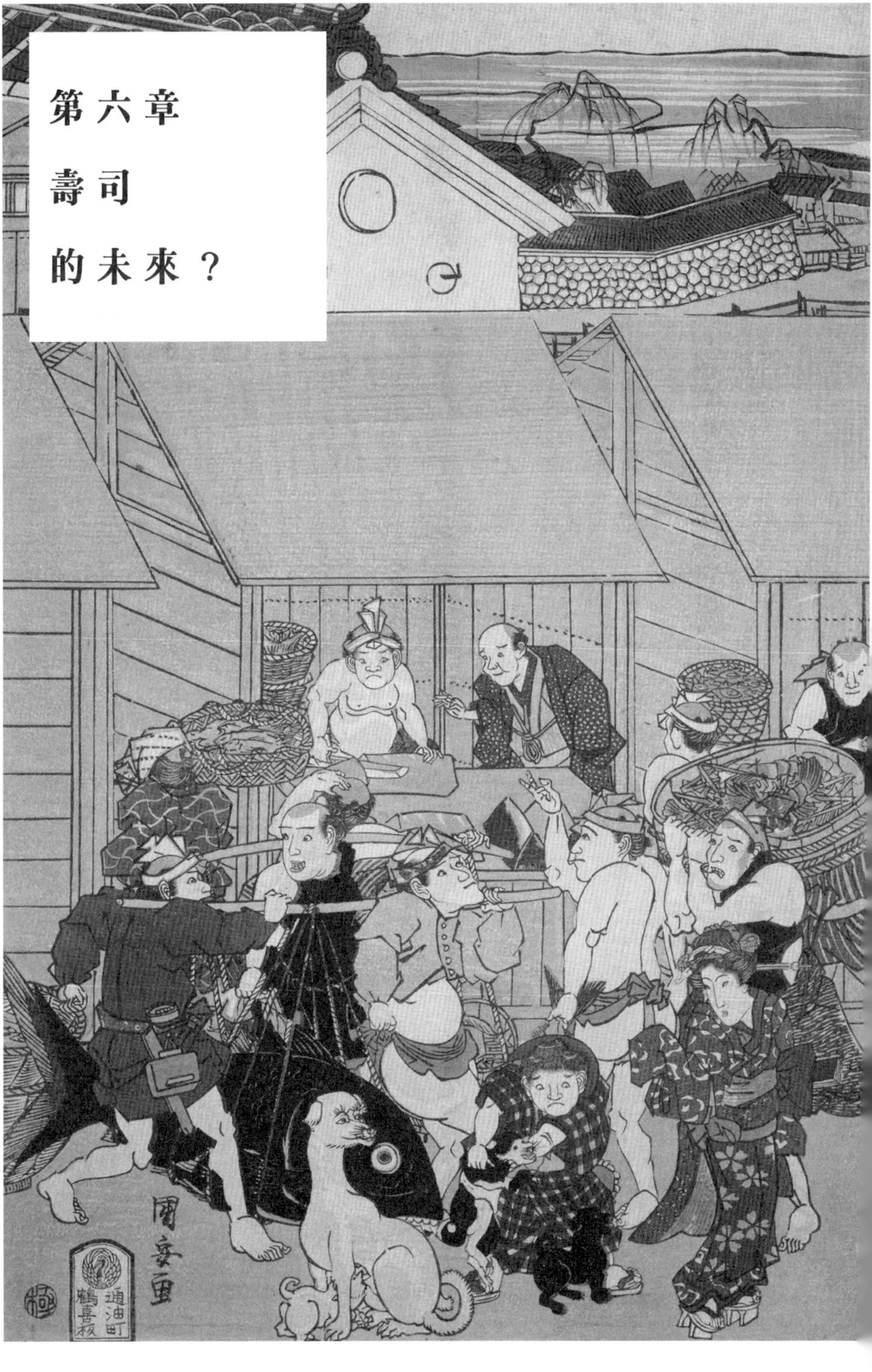

第六章

壽司的未來？

在兩千年前，壽司（或中國人所謂的「鮨」和「鮓」）是指用鹽發酵的魚，有些會加上米飯，也有些不加；如今，這些相同的詞彙與英語中的sushi，代表的是無數種作法不同的料理，且處理的不只有魚，還包括各種食材，變化多到讓人搞不清楚它們除了被通稱為壽司外，還有什麼共通點讓它們被歸納為同類。在今日，儘管只有少部分的壽司和一千年前中國古代及日本前現代的壽司一樣，歷經數個月的乳酸發酵過程，但壽司的製作仍未中斷。現今最普遍的壽司種類是卷壽司：廚師會包入任何內餡，放上任何配料，甚至將卷壽司重塑成貝果、甜甜圈和披薩的形狀。有些人可能會認為壽司貝果不是真正的壽司，然而，壽司的歷史總是持續在轉變，而非處於靜止狀態。壽司的作法已有所改變的部分比不變的還要多，否則我們從開始製作到完成魚肉發酵，得等上好幾個月的時間，才能吃到壽司。

壽司是一種不平凡的食物，原因在於它的發明人並非只有一位。從乳酸發酵的熟壽司，轉變到半發酵的生熟壽司，再轉變到用清酒、米麴和醋加速發酵的早壽司——這些都是壽司發展的關鍵階段，也是不知名的廚師與家廚們在改良普遍的製作方法後（也就是將鹽米塞入魚內的醃漬手法，使魚肉能長期保存並增進風味），所獲得的成果。即使是經常被譽為握壽司發明人的華屋與兵衛，其後代也只有聲稱是他改進了握壽司的作法。將魚料按壓於飯上是日本人行之已久的傳統，因此將飯限縮成能擺放一片魚肉的較小分量，是從這個普遍盛行的料理作法自然延伸的發展。在今日，卷壽司已成為各種創新實驗的基礎，例如加州卷就是其中一種衍生變化——其歷史雖相對短暫，但已變得難以追溯。

琵琶湖的鮒壽司據說是最古老的壽司種類，但就算如此，這種壽司也仍在進化。在為了這本書展開調查的過程中，我剛好有機會探訪一間靠近琵琶湖沿岸的店。「琵琶湖的女兒們」（Biwako Daughters）是一間家族經營的小咖啡廳兼熟食店，位於滋賀縣野洲市。除了販售自製的鮒壽司與其他傳統魚類產品外，這間店也以創新的方式改造這些料理，藉以拓展傳統料理的客群。其中一種創新料理是鮒壽司料理，作法是在脆皮義大利麵包中間夾一片鮒壽司和濃郁的荷蘭起司。鮒壽司可能會非常鹹也非常酸，但放在三明治裡，這種發酵過的魚肉味道就變成像帕爾瑪火腿一般，令我想起過去在托斯卡尼的山上，我在某間靜謐的咖啡廳裡吃到的三明治——只不過裡面的主要食材不是某種美味但不知名的義大利臘腸，而是發酵過的鯽魚。甜點是更大的驚喜。咖啡廳老闆娘中川知美（Nagakawa Tomomi）端出了一個對切的哈密瓜麵包（meron bread，又稱為菠蘿麵包），裡面塗滿了鮮奶油。這道可可口味的甜點是變化版的哈密瓜麵包——一般的哈密瓜麵包呈金黃色，上面覆蓋了一層餅乾麵團，烘烤後會龜裂並且變成黃色，使麵包看起來就像哈密瓜一般，因而有了這個名稱。這間咖啡廳的哈密瓜麵包是黑巧克力口味，但真正神奇的地方是鮮奶油。其帶有些許檸檬味的香甜並非任何柑橘類所賜，而是因為加了一大匙用來製作鮒壽司的米。鮒壽司的滋味要多花點時間才會逐漸喜歡上，最好是搭配清酒或啤酒小口品嘗，風味尤佳。但鮒壽司三明治則是任何喜歡美味三明治的人，都會愛上的食物。有人猜想（而我也如此希望），不論是在日本國內（人均稻米消費量是五十年前的一半，且轉而選擇麵包的人也比以往還多），還是國外（三明治在歷史啟發了許多烹飪實驗，就和壽司一樣），壽司發展的下個篇章可能都會是回歸其「慢食」根源，但同時亦追求新的表現手法，以滿足現代味蕾。

鮒壽司三明治也可為日本與其他地方的入侵種氾濫情形，提供解決問題的靈感。藍鰓太陽魚（bluegill）是北美原生種，在大約五十年前被引進日本後，在日本的某些水道中數量急劇增加。根據某項估計，琵琶湖在2007年有2,500萬隻藍鰓太陽魚。而在許多抑制其增長的因應措施中，有一間公司嘗試以類似鮒壽司的作法，運用藍鰓太陽魚製作乳酸發酵壽司。在美國，統稱為亞洲鯉魚的大頭鰱（bighead carp）、黑鰱（black carp）、草魚（grass carp）和銀鯉（silver carp），在四十年前被引進當地，以期能利用牠們驚人的食量，控制運河系統與水田中的雜草數量。

然而，就如同日本的藍鰓太陽魚，亞洲鯉魚流入了密西西比河等當地水道，如今因爭奪空間與食物而排擠掉其他魚類。亞洲鯉魚適合食用，由於牠們是草食性魚類，作為食物比掠食性魚類安全——後者以較小型獵物為食，因而具有較高的汞含量。儘管如此，鯉魚在美國卻具有負面形象。由於鯉魚聽起來太像觀賞用魚類，太接近金魚，只有在數十年前的兄弟會入會膽量考驗中，才會有人勉強吞食這種魚。為了因應亞洲鯉魚暴增的問題，某些行銷商將牠們重新命名為「銀鰭」（silver fin）和「肯德基白魚」（Kentucky white fish）。這就類似將「海豚魚」（dolphin fish）改名為「大西洋鬼頭刀」（Atlantic mahi-mahi）的作法，使原本遲疑的人變得敢吃這種魚。銀鰭壽司三明治的英文（silver fin sushi sandwich）帶有押頭韻的趣味，希望這個有趣的名稱能促使某人將之付諸實現。對美國中西部的人來說，與其食用瀕危的進口藍鰭鮪，倒不如嘗試用鄰近河川中數量過多的魚類，創作出當地特有的壽司，還比較合理。換句話說，在這個年代，由於資源不斷減少，加上化石燃料的使用引發了種種疑慮，因此，與其把「江戶前」（Edomae）視為新鮮的極致，特意從地球另一邊的日本進口魚貨，倒不如在我們所處之地，尋找屬於自己的「當地前」（local-mae），以作為壽司的基本食材，對我們來說才是較好的作法。

身為壽司消費者（或粉絲？同好？），我們很容易對自己所愛的食物吹毛求疵，但如果我們希望能繼續享用壽司，就必須下定決心在要求時要有意識地覺察，竭力選擇永續海鮮，光顧那些廚師具專業知識、員工工資合理的壽司餐廳，並懂得欣賞壽司的悠長歷史——這段歷史或許源自亞洲，但如今已延伸至全球。

秋刀魚壽司

我們只用了在堪薩斯市的亞洲超市買來的冷凍秋刀魚，就能在家重現出這道來自三重縣與和歌山縣的傳統壽司料理。

一條秋刀魚（生的或冷凍的）：可從魚眼是否混濁來判斷魚是否新鮮。最好選用油質不要太多的秋刀魚。

魚的材料：

1小匙鹽
2大匙米醋或蘋果醋
新鮮的萊姆汁（可省略）

壽司飯的材料：

1杯〔240毫升〕煮好的米
1–1大匙醋
2小匙糖
小匙鹽
切除魚頭並清理乾淨，移除魚刺、內臟、鱗片和血管。將魚徹底洗淨。
晾乾後，把魚切開攤平，使魚的內腔暴露於外。撒上鹽。將魚放在盤子上，蓋上保鮮膜，放入冰箱冷藏約一天。
將魚從冰箱取出，挑除較小的魚刺。淋上醋以沖掉大部分的鹽，接著把醋瀝乾。撒上萊姆汁（如果喜歡也可以再加一點醋）。再次用保鮮膜蓋住魚，然後放回冰箱冷藏約半天。

依照平常的方式煮米，趁米飯溫熱時，混入醋、糖和鹽。讓飯放涼。

魚的內裡朝上擺放，均勻地把飯鋪於其上。接著把魚放在保鮮膜上，並利用保鮮膜把飯壓進魚的內腔裡，使魚能重現其原本的形狀。

將包裹著保鮮膜的魚放入冰箱冷藏30分鐘至一小時。移除保鮮膜，將魚橫切成約五塊，即可呈盤上菜。

詞彙表

散壽司（chirashizushi／散らしずし）：見「五目壽司」。

太卷（futomaki／太巻）：大尺寸的壽司卷；見「壽司卷」。

五目壽司（gomokuzushi／五目鮨）：其字面意義是指使用了「五種食材」的壽司，類似於散壽司（chirashizushi／散らしずし或 barazushi／ばらずし），作法是將魚片和其他食材放在以醋、鹽和某種甜味劑調味的醋飯上，或是和醋飯混和在一起。

箱壽司（hakozushi／箱鮨）：箱壽司又稱為「押壽司」（*oshizushi*／押鮨），是大阪的特色美食。作法是將壽司的食材一起放在一個有蓋的盒子裡，接著利用蓋子向下施壓，使食材結合在一起。

早壽司（hayazushi／早鮨）：發展於大約 1600 年代晚期的「速成壽司」，屬於生熟壽司的一種，通常會添加醋（有時會加清酒、米麴或清酒粕），藉以加快發酵過程，使發酵時間縮短為數天。

稻荷壽司（inarizushi／稲荷鮨）：用炸豆皮包裹一球甜壽司飯，是現今最常見的作法。

米麴（koji／麹、糀）：一種黴菌，用來在釀造清酒的過程中，將米中的澱粉分解成糖類，使這些糖類能用來進行發酵作用。米麴可用來指購買時已製成粉末狀的米麴菌，也可用來指以麴菌發酵後的米飯。在製作壽司的過程中，加入米麴是為了加快某些生熟壽司的發酵過程。

柿壽司（kokezushi／柿鮨）：「木屑壽司」（shingle sushi）是一種發展於中古時期晚期的柿壽司，特色是米飯上放有刺身。日本三重縣的「手拌壽司」（tekone sushi／手捏ね鮨）則是一種現代的柿壽司。

卷壽司（makizushi／巻きずし）：通常以海苔製作而成（因此也稱為「海苔卷」〔norimaki〕），但也可改用昆布或蛋皮。卷壽司是 18 世紀晚期江戶的產物。

生熟（namanare／生成、生熟；指新鮮熟成的壽司）：屬於熟壽司的一種，熟成時間縮短許多，藉以使米飯變得較容易和魚一起食用。生熟壽司發展於室町時代（1336–1573 年）後半期。如今，可見於日本和歌山縣的生熟壽司特色是以鯖魚（*saba*／鯖）製成，可見於日本各地的生熟壽司則是以香魚（ayu／鮎）製成。

熟壽司（narezushi／馴鮨；指完全發酵的壽司）：最古老的一種壽司。鹽漬的魚用米包覆，並放入桶內以重石壓製數月（若非數年）。發酵的米變得像粥一般黏稠，因此通常捨棄不吃，但魚切片後，會連骨頭一起全部吃掉。日本滋賀縣的鮒壽司是現今的熟壽司代表。

素材（neta／ネタ）：見「壽司食材」。

握壽司（nigirizushi／握り鮨）：19世紀初以前起源於江戶（即東京），有時也稱為「江戶前壽司」（Edomaezushi／江戸前鮨），即「用江戶附近捕撈的海鮮所製成的壽司」，因此就等同於新鮮壽司。這種眾所周知且普遍存在的壽司作法是將魚片放在米飯上。切成薄片的魚要用手壓在飯上。

海苔卷（norimaki／海苔巻き）：見「卷壽司」。

押壽司（oshizushi／押鮨）：見「箱壽司」。

姿壽司（sugatazushi／姿鮨）：「完形壽司」，也稱為「棒壽司」（*bozushi*／棒ずし），作法是將米飯塞入一整條魚內。取出魚的內臟，用鹽醃漬魚，然後把醋飯塞入魚身內。接著以竹葉包裹，放入盒內，以重物下壓一小時至一天，直到魚和飯的味道融合為止。常見的例子包括京都的鯖魚（saba／鯖）和海鰻（*hamo*／鱧）壽司，以及奈良縣吉野市的香魚壽司。

壽司食材（tane／種、タネ；有時會倒過來唸成 neta／ネタ）：壽司的材料與上面的配料。

卯之花壽司（unohanazushi／卯の花ずし）：卯之花指的是「溲疏」，一個開花植物的屬，但在此是豆渣（okara／おから）的委婉說法。豆渣是製作豆腐時壓碎的大豆殘渣，通常會炒過，然後加入切片的香菇和蔬菜製成沙拉。卯之花壽司以豆渣代替米飯。在廣島有數種地方壽司是以豆渣製成。

參考文獻

前言：何謂壽司？

1 Hsing-Tsung Huang, *Science and Civilization in China*, vol. vi: *Biology and Biological Technology, Part v: Fermentation and Food Science* (Cambridge, 2000), p. 385.

2 Hibino Terutoshi, *Sushi no rekishi o tazuneru* (Tokyo, 1999), pp. 125–6.

3 Regarding the controversies around the California roll, see Robert Ji-Song Ku, *Dubious Gastronomy: The Cultural Politics of Eating Asian in the usa* (Honolulu, hi, 2014), pp. 17–48. The ingredients of these various rolls are as described in Ōkawa Tomohiko, *Gendai sushigaku sushiology: Sushi no rekishi to sushi no ima ga wakaru* (Tokyo, 2008), p. 456.

4 James Farrer et al., 'Japanese Culinary Mobilities: The Multiple Globalizations of Japanese Cuisine', in *Routledge Handbook of Food in Asia*, ed. Cecilia Leong-Salobir (London, 2019), pp. 39–57, p. 48.

5 Ogawa Hirotoshi, *Sushi samurai ga iku! Toppu sushi shokunin ga sekai o mawariaruite mite kita* (Tokyo, 2018), pp. 78–80.

6 'Bratislava Lends its Name to Sushi Rolls', *Slovak Spectator*, 28 November 2016, p. 13.

7 Sugino Gonuemon, *Meihan burui, in Nihon ryōri hiden shūsei: Genten gendaigoyaku*, vol. ix, ed. Issunsha (Kyoto, 1985), pp. 211–72, p. 268.

8 Ibid., p. 268.

9 Ōkawa, *Gendai sushigaku sushiology*, p. 2.

10 Hibino Terutoshi, *Sushi no kao: Jidai ga motometa aji no kakumei* (Tokyo, 1997), pp. 18–19.

11 Ōkawa, *Gendai sushigaku sushiology*, p. 57.

12 Hibino, *Sushi no kao*, p. 15.

13 Huang, *Science and Civilization in China*, p. 384.

14 Hayakawa Hikari, *Nihon ichi Edomaezushi ga wakaru hon* (Tokyo, 2009), p. 29.

15 Harold McGee, *On Food and Cooking: The Science and Lore of the Kitchen, Completely Revised and Updated* (New York, 2004), pp. 44–5; Huang, *Science and Civilization in China*, p. 380.

16 Matsushita Sachiko, *Zusetsu Edo ryōri jiten* (Tokyo, 1996), p. 40.

17 Shinoda Osamu, *Sushi no hon* (Tokyo, 2002), p. 23.

18 Okumura Ayao, 'Kaisetsu', *in Sushi narezushi, in Kikigaki furusato katei ryōri, vol. i, ed. Nōsan Gyoson Bunka Kyōkai* (Tokyo, 2002), pp. 235–53, p. 242.

19 Hashimoto Michinori, ed., *Saikō funazushi no rekishi* (Hikone, 2016), p. 274.

20 'Funazushiyō no oke Kiso Sawara-sei', www.kiso2.com, accessed 16 June 2020.

21 Hibino, *Sushi no rekishi o tazuneru*, p. 29.

22 Hashimoto, *Saikō funazushi no rekishi*, p. 275.

23 Chieko Fujita, 'Funa Zushi', *The Tokyo Foundation*, www.tkfd.or.jp, accessed 16 June 2020.

24 Hibino, *Sushi no rekishi o tazuneru*, p. 63; Shinoda, *Sushi no hon*, pp. 22–3.

25 Sugino, *Meihan burui*, p. 269.

26 Kate Springer, 'Narezushi: A Taste of Ancient Sushi in Japan', cnn, cnn.com, 10 January 2018.

27 Hibino, *Sushi no rekishi o tazuneru*, p. 34.

28 *Gōrui nichiyō ryōrishō, in Nihon ryōri hiden shūsei: Genten gendaigoyaku*, vol. i, ed. Issunsha (Kyoto, 1985), pp. 95–217, p. 171.

29 Ibid., p. 170.

30 Matsushita Sachiko and Yoshikawa Seiji, 'Koten ryōri no kenkyū (2): Ryōri anbaishū ni tsuite', *Chiba daigaku kyōiku gakubu kenkyū kiyō*, xxv/2 (1975), pp. 166–218, p. 200.

31 See the separate chapters on medieval and early modern funazushi in Hashimoto, *Saikō funazushi no rekishi*, pp. 101–41, 149–91.

32 Santōsha, *Shokuseikatsu dēta sōgō tōkei nenpyō 2016* (Tokyo, 2016), pp. 265–6.

33 Naruse Uhei, *Yonjū nana todōfuken: Gyoshoku bunka hyakka* (Tokyo, 2011), p. 10.

34 Craig Claiborne, 'For Feasting on Sushi, There's a Restaurant in Osaka', *New York Times*, 10 December 1968, p. 52.

35 Sasha Issenberg, *The Sushi Economy: Globalization and the Making of a Modern Delicacy* (New York, 2007).

36 Theodore C. Bestor, *Tsukiji: The Fish Market at the Center of the World* (Berkeley, ca, 2004).

37 Trevor Corson, *The Zen of Fish: The Story of Sushi, from Samurai to Supermarket* (New York, 2007).

38 Eric C. Rath, *Food and Fantasy in Early Modern Japan* (Berkeley, ca, 2010), pp. 121–65.

39 Hibino, *Sushi no kao*, p. 106.

40 Okumura Ayao, 'Kaisetsu', p. 236.

41 Meguro Hidenobu, *Sushi no gijutsu taizen* (Tokyo, 2013), pp. 48–251.

42 Ōkawa, *Gendai sushigaku sushiology*, pp. 195–285.

43 Ibid., pp. 295, 297.

第一章 追尋壽司的起源

1 Hsing-Tsung Huang, *Science and Civilisation in China*, vol. vi: *Biology and Biological Technology, Part v: Fermentation and Food Science* (Cambridge, 2000), p. 379.

2 Ibid., pp. 384–6.

3 Hibino Terutoshi, *Sushi no rekishi o tazuneru* (Tokyo, 1999), p. 27.

4 Japanese commentators identify this as *Perilla citriodora*, a plant similar to the perilla but with a lemon fragrance. Tanaka Seiichi, Kojima Re'eitsu and Ōta Yasuhiro, eds, *Semin yōjutsu: Genson suru saiko no ryōrisho* (Tokyo, 1997), p. 104.

5 Huang, *Science and Civilisation in China*, p. 555.

6 Tada Taeko and Imai Kunikatsu, *Satoyama no sansai: Ko no mi handobukku* (Tokyo, 2013), pp. 146–7.

7 Richard Hosking, *A Dictionary of Japanese Food: Ingredients and Culture* (Rutland, vt, 1996), pp. 124–5.

8 Huang, *Science and Civilisation in China*, p. 174.

9 Tanaka, Kojima and Ōta, eds, *Semin yōjutsu*, p. 173.

10 Huang, *Science and Civilisation in China*, pp. 388–90.

11 Ishige Naomichi and Kenesu Raduru, *Gyoshō to narezushi no kenkyū: Monsūn Ajia no shokuji bunka* (Tokyo, 1990), p. 53.

12 I am grateful to Q. Edward Wang for telling me the meaning of this term.

13 Q. Edward Wang, Chopsticks: *A Cultural and Culinary History* (Cambridge, 2015), pp. 27, 30; Tanaka, Kojima and Ōta, eds, *Semin yōjutsu*, p. 221.

14 Ibid., p. 141.

15 Shinoda Osamu, *Sushi no hon* (Tokyo, 2002), pp. 152–3, 155; Hibino, *Sushi no rekishi o tazuneru*, p. 26.

16 As discussed in Ōkawa Tomohiko, *Gendai sushigaku sushiology*: *Sushi no rekishi to sushi no ima ga wakaru* (Tokyo, 2008), pp. 48–50.

17 Hibino, *Sushi no rekishi o tazuneru*, p. 27; Ōkawa Tomohiko, *Gendai sushigaku sushiology*, p. 59.

18 Emiko Ohnuki-Tierney, *Rice as Self: Japanese Identities Through Time* (Princeton, nj, 1993), p. 33.

19 Hibino Terutoshi, *Sushi no kao: Jidai ga motometa aji no kakumei* (Tokyo, 1997), pp. 27–8, 31–4; Ishige and Raduru, *Gyoshō to narezushi no kenkyū*, p. 13.

20 Charlotte von Verschuer, *Rice, Agriculture, and the Food Supply in Premodern Japan*, trans. and ed. Wendy Cobcroft (London, 2016), pp. 4, 231, 300.

21 Ibid., p. 11.

22 Ibid., pp. 180–81.

23 Hibino, *Sushi no kao*, p. 28.

24 Nōsan Gyoson Bunka Kyōkai, ed., *Sushi narezushi*, in *Kikigaki furusato katei ryōri* (Tokyo, 2002), vol. i, pp. 62, 194, 104–7, 144.

25 Sugino Gonuemon, *Meihan burui*, in *Nihon ryōri hiden shūsei: Genten gendaigoyaku*, vol. ix, ed. Issunsha (Kyoto, 1985), pp. 211–72, p. 272.

26 Harada Nobuo, *Edo no ryōrishi: Ryōribon to ryōri bunka* (Tokyo, 1989), p. 128.

27 Sugino, *Meihan burui*, p. 260.

28 Ibid., p. 272.

29 Cited in Okuyama Masurō, *Mikaku hyōgen jiten: Nihon ryōri* (Tokyo, 2001), p. 382.

30 This omission may be because urine does not have a consistent taste. Medical doctors in the West from the age of Hippocrates to the Victorian period relied on a flavour wheel to help diagnose a patient's condition in light of the colour or taste of their urine. Nicola Twilley, 'Urine Flavour Wheels', www.ediblegeography.com, accessed 28 March 2019.

31 I appreciate Tae-ho Kim and Kyoungjin Bae informing me about this Korean dish.

32 Andrea Osimani et al., 'Unveiling Hákarl: A Study of the Microbiota of the Traditional Icelandic Fermented Fish', *Food Microbiology*, lxxxii (2019), pp. 560–72, p. 561.

33 Ōkawa, *Gendai sushigaku sushiology*, pp. 57–8.

34 Shinoda, *Sushi no hon*, pp. 190–91.

35 Hibino, *Sushi no kao*, pp. 46–7.

36 Ōkawa, *Gendai sushigaku sushiology*, pp. 57–8, 64–5.

37 Von Verschuer, *Rice, Agriculture, and the Food Supply in Premodern Japan*, p. 13.

38 Hibino, *Sushi no rekishi o tazuneru*, p. 39.

39 Yunoki Manabu, *Sakezukuri no rekishi, shinsōpan* (Tokyo, 2005), p. 13.

40 *Konjaku monogatarishū*, vol. iv, ed. Mabuchi Kazuo, Kunisaki Fumimaro and Inagaki Tai'ichi, in *Shinpen Nihon koten bungaku taikei*, vol. xxxviii (Tokyo, 1999), pp. 570–71.

第二章 中古時期的壽司

1 *Shijōryū hōchōsho*, in *Nihon ryōri hiden shūsei: Genten gendaigoyaku*, vol. xviii, ed. Issunsha (Kyoto, 1985), pp. 47–69, p. 52.

2 Charlotte von Verschuer, *Rice, Agriculture, and the Food Supply in Premodern Japan*, trans. and ed. Wendy Cobcroft (London, 2016), p. 76.

3 Hibino Terutoshi, *Sushi no rekishi o tazuneru* (Tokyo, 1999), p. 50.

4 Shinoda Osamu, *Sushi no hon* (Tokyo, 2002), pp. 38, 40–42.

5 Shōsekiken Sōken, *Ryōri mōmoku chōmishō*, in *Nihon ryōri hiden shūsei: Genten gendaigoyaku*, vol. ii, ed. Issunsha (Kyoto, 1985), pp. 219–323, pp. 288–9.

6 *Ryōri monogatari*, in *Nihon ryōri hiden shūsei: Genten gendaigoyaku*, vol. i, ed. Issunsha (Kyoto, 1985), pp. 5–92, p. 86.

7 Ebara Kei, *Ryōri monogatari kō: Edo no aji konjaku* (Tokyo, 1991), p. 18.

8 Hibino, *Sushi no rekishi o tazuneru*, p. 63.

9 *Ryōri monogatari*, p. 87.

10 Shinoda, *Sushi no hon*, pp. 200–201, 206; Hibino Terutoshi, *Sushi no kao: Jidai ga motometa aji no kakumei* (Tokyo, 1997), pp. 33, 61.

11 *Shijōryū hōchōsho*, p. 59.

12 For a description of these inedible culinary displays, see Eric C. Rath, *Food and Fantasy in Early Modern Japan* (Berkeley, ca, 2010), pp. 76–9.

13 *Ryōri no sho*, in *Nihon ryōri hiden shūsei: Genten gendaigoyaku*, vol. xviii, ed. Issunsha (Kyoto, 1985), pp. 145–64, p. 148.

14 For a description of 'knife ceremonies', see Rath, *Food and Fantasy in Early Modern Japan*, pp. 38–51.

15 *Shijōryū hōchōsho*, p. 65.

16 *Hōchō kikigaki*, in *Nihon ryōri hiden shūsei: Genten gendaigoyaku*, vol. xviii, ed. Issunsha (Kyoto, 1985), pp. 87–96, p. 87.

17 Sasaki Michio, *Yakiniku no bunkashi: Yakiniku, horumon, naizō to shinjitsu* (Tokyo, 2012), p. 69.

18 Okada Tetsu, *Tabemono no kigen jiten* (Tokyo, 2013), p. 279.

19 Kinoshita Masashi, 'Manyō jidai no shokuseikatsu', in *Tabemono no kōkogaku*, ed. Kawano Shinjirō, Kinoshita Masashi and Tamura Koichi (Tokyo, 2007), pp. 85–133, p. 87.

20 Naruse Uhei, *Yonjū nana todōfuken: Gyoshoku bunka hyakka* (Tokyo, 2011), p. 12.

21 *Shijōryū hōchōsho*, p. 61.

22 Ibid., pp. 51–2, 61–2.

23 *Ryōri no sho*, p. 159.

24 *Shijōryū hōchōsho*, pp. 52, 64.

25 *Ryōri no sho*, p. 159.

26 Ehara Ayako, Ishikawa Naoko and Higashiyotsuyanagi Shōko, *Nihon shokumotsushi* (Tokyo, 2009), pp. 138–9.

27 Naruse, *Yonjū nana todōfuken: Gyoshoku bunka hyakka*, p. 12.

28 *Ryōri no sho*, p. 160.

29 Ebara Kei, *Edo ryōrishi kō: Nihon ryōri (sōsōski)* (Tokyo, 1986), p. 115.

第三章 料理書與街頭小吃：早期現代的壽司

1 Conrad Totman, *Japan: An Environmental History* (New York, 2014), p. 156.

2 Iino Ryōichi, *Sushi, tempura, soba, unagi: Edo yon daimeibutsu no tanjō* (Tokyo, 2016), p. 281.

3 Sugino Gonuemon, *Meihan burui*, in *Nihon ryōri hiden shūsei: Genten gendaigoyaku*, vol. ix, ed. Issunsha (Kyoto, 1985), pp. 211–72, p. 260.

4 *Gōrui nichiyō ryōrishō, in Nihon ryōri hiden shūsei: Genten gendaigoyaku*, vol. i, ed. Issunsha (Kyoto, 1985), pp. 95–217, p. 216.

5 Ibid., p. 172.

6 Hibino Terutoshi, *Sushi no rekishi o tazuneru* (Tokyo, 1999), pp. 85–90.

7 Ibid., p. 173.

8 Sugino, *Meihan burui*, p. 269.

9 Since bamboo is a grass instead of a tree, 'bamboo bark' (*take no kawa*) signifies the ramentum, the brownish scales around bamboo shoots often used as a wrapper in premodern Japan.

10 Ibid., pp. 261–2, 263, 265.

11 Sugino, *Meihan burui*, p. 264.

12 Kitagawa Kisō (Morisada), *Morisada mankō*, ed. Asakura Haruhiko and Kashiwa Shūichi (Tokyo, 1992), vol. v, p. 58.

13 The annotators read the locale as Chigura, but it might refer to Chikura, now part of Kuwana City in Mie Prefecture. Sugino, *Meihan burui*, p. 261.

14 Nōsan Gyoson Bunka Kyōkai, ed., *Sushi narezushi*, in *Kikigaki furusato katei ryōri* (Tokyo, 2002), vol. i, p. 168.

15 Sugino, *Meihan burui*, p. 271.

16 Ibid., p. 266.

17 Ibid., pp. 265–6.

18 Hibino Terutoshi, *Sushi no kao: Jidai ga motometa aji no kakumei* (Tokyo, 1997), p. 117.

19 Iino, *Sushi, tempura, soba, unagi*, p. 316.

20 Ōkawa Tomohiko, *Gendai sushigaku sushiology: Sushi no rekishi to sushi no ima ga wakaru* (Tokyo, 2008), p. 191; Hibino surmises that makizushi developed as a variation of sugatazushi, given that early recipes suggest that makizushi was pressed in a box like sugatazushi and cut into slices the same way. Hibino Terutoshi, *Nihon sushi kikō: Makizushi to inarizushi to Sukeroku to* (Tokyo, 2018), pp. 36, 39.

21 Kitagawa, *Morisada mankō*, vol. v, p. 59.

22 Hibino, *Sushi no rekishi o tazuneru*, pp. 129–30.

23 Miyoshi Ikkō, *Edo seigyō bukka jiten* (Tokyo, 2002), pp. 140, 375.

24 Sugino, *Meihan burui*, p. 262.

25 Ibid., pp. 262–3.

26 Ōkawa, *Gendai sushigaku sushiology*, pp. 186–7, 192–3.

27 Ibid., p. 95.

28 Hibino, *Nihon sushi kikō*, pp. 16–17.

29 Ibid., pp. 49, 52–3.

30 Hibino, *Sushi no rekishi o tazuneru*, p. 129.

31 Iino, *Sushi, tempura, soba, unagi*, pp. 154–5, 158–60.

32 Roderick I. Wilson, 'Placing Edomae: The Changing Environmental Relations of Tokyo's Early Modern Fishery', *Resilience: A Journal of the Environmental Humanities*, iii (2015–16), pp. 242–89, pp. 261, 272–3.

33 Hibino, *Sushi no rekishi o tazuneru*, pp. 159–60.

34 Koizumi Seizaburō, *Katei sushi no tsukekata* (Tokyo, 1910), p. 158.

35 Hibino, *Sushi no kao*, p. 107; Ōkawa, *Gendai sushigaku sushiology*, p. 100.

36 Koizumi, *Katei sushi no tsukekata*, p. 159.

37 Kitagawa, *Morisada mankō*, vol. v, p. 58.

38 Akano Hirofumi, '"Narezushi" kara "Edomaezushi" e no shinka to sono fukugen ni tsuite', *Nihon chōri kagaku kaishi*, xli/3 (2008), pp. 214–16.

39 Hibino, *Sushi no kao*, p. 118.

40 Kitagawa, *Morisada mankō*, vol. v, p. 59.

41 Harada Nobuo, 'Edo no tabemonoya: Furiuri kara ryōrijaya made', in *Rakugo ni miru Edo no shokubunka*, ed. Tabi no Bunka Kenkyūkaijo (Tokyo, 2000), pp. 105–27, p. 117.

42 Iino Ryōichi, *Sushi, tempura, soba, unagi*, pp. 214, 227, 236, 316. For an overview of the history of tempura, see Eric C. Rath, *Food and Fantasy in Early Modern Japan* (Berkeley, ca, 2010), pp. 103–6.

43 Eric C. Rath, 'The Tastiest Dish in Edo: Print, Performance, and Culinary Culture in Early Modern Japan', *East Asian Publishing and Society*, iii/2 (2013), pp. 184–214, p. 210.

第四章 現代日本的壽司—從小吃到精緻美食

1 Tōkyō Gurakubu, *Saishin Tōkyō annai* (Tokyo, 1907), pp. 41–2, 45.

2 The chub mackerel is usually described as *Scomber japonicus*. Taizo Fujimoto, *The Nightside of Japan* (London, 1915), p. 38.

3 Ōkawa Tomohiko, *Gendai sushigaku sushiology*: *Sushi no rekishi to sushi no ima ga wakaru* (Tokyo, 2008), pp. 116–17.

4 Koizumi Seizaburō, *Katei sushi no tsukekata* (Tokyo, 1910), p. 172.

5 Ibid., pp. 173–4.

6 Shūkan Asahi, ed., *Shin nedan no fūzokushi: Meiji, Taishō, Shōwa* (Tokyo, 1990), p. 185.

7 Tōkyō Shoin, *Taishō eigyō benran* (Tokyo, 1914), pp. 42–3, 86–90.

8 Koizumi, *Katei sushi no tsukekata*, pp. 22–3.

9 Ibid., p. 29.

10 Ibid., pp. 89–90.

11 Ōkawa, *Gendai sushigaku sushiology*, pp. 120–21.

12 Tōkyō Shoin, *Taishō eigyō benran*, pp. 89–90.

13 Ōkawa, *Gendai sushigaku sushiology*, pp. 120–21.

14 Ibid., p. 122.

15 Yokoi Kōzō, *Roten kenkyū* (Tokyo, 1931), pp. 155–7.

16 The urban poor often bought leftover rice as that was a less expensive option than preparing it at home, which required equipment and fuel. See James L. Huffman, *Down and Out in Late Meiji Japan* (Honolulu, hi, 2018), pp. 111–12.

17 Ishizumi Harunosuke, *Asakusa keizaigaku* (Tokyo, 1933), pp. 160–76.

18 Kon Tōji, *Famrirī resutoran: 'Gaishoku' no kingendaishi* (Tokyo, 2003), p. 44.

19 Matsuzaki Tenmin, *Tōkyō tabearuki*, republished in *Gurume annaiki*, ed. Kondō Hiroko (Tokyo, 2005), pp. 1–132, p. 100.

20 Ibid., pp. 68, 100.

21 *Yomiuri shimbun*, 24 May 1925, p. 11, accessed through Yomidasu Rekishikan, https://databaseyomiuri.co.jp, 26 June 2019.

22 Matsuzaki, *Tōkyō tabearuki*, p. 100.

23 Ibid.

24 Akano Hirofumi, '"Narezushi" kara "Edomaezushi" e no shinka to sono fukugen ni tsuite', *Nihon chōri kagagaku kaishi*, xli/3 (2008), pp. 214–17, p. 215.

25 *Yomiuri shimbun*, 22 July 1931, p. 7. Accessed through Yomidasu Rekishikan, https://database.yomiuri.co.jp, 26 June 2019.

26 Matsuzaki, *Tōkyō tabearuki*, pp. 101–2.

27 Calculated with reference to George Solt, *The Untold History of Ramen: How Political Crises in Japan Spawned a Global Food Craze* (Berkeley, ca, 2014), p. 20.

28 Shiraki Masamitsu, *Dai Tōkyō umaimono tabearuki*, republished in *Gurume annaiki*, ed. Kondō Hiroko (Tokyo, 2005), pp. 135–644, pp. 162–3.

29 Ibid., pp. 385, 392, 403–4.

30 Ibid., pp. 601–2.

31 Nagase Ganosuke, Sushi tsū (Tokyo, 1984), pp. 116–17, 121.

32 Hibino, *Sushi no kao*, p. 133.

33 Kon, *Famrirī resutoran*, p. 70.

34 Katarzyna J. Cwiertka, *Cuisine, Colonialism and Cold War: Food in Twentieth-century Korea* (London, 2012), p. 22.

35 Hibino, *Sushi no kao*, p. 135.

36 Ōkawa, *Gendai sushigaku sushiology*, pp. 122–3.

37 Ogawa Hirotoshi, *Sushi samurai ga iku! Toppu sushi shokunin ga sekai o mawariaruite mite kita* (Tokyo, 2018), p. 170.

38 Seijō Daigaku Minzokugaku Kenkyūjo, ed., *Nihon no shokubunka: Shōwa shoki, zenkoku shokuji shūzoku no kiroku* (Tokyo, 1990), p. xi. For a discussion of the larger findings of this survey, see Eric C. Rath, *Japan's Cuisines: Food, Place and Identity* (London, 2016), pp. 137–42.

39 Seijō Daigaku Minzokugaku Kenkyūjo, ed., *Nihon no shokubunka*, p. 372.

40 Ibid., pp. 242, 346.

41 Ibid., pp. 152, 216, 306, 321, 402.

42 The modern recipe for sake sushi combines rice and ingredients such as bamboo shoots, cloud ear fungus, carrots, shiitake, shrimp and perilla leaves in a barrel over which a sweet local sake is drizzled. Ōkawa, *Gendai sushigaku sushiology*, p. 356.

43 Seijō Daigaku Minzokugaku Kenkyūjo, ed., *Nihon no shokubunka hoi hen: Shōwa shoki, zenkoku shokuji shūzoku no kiroku* (Tokyo, 1995), p. 244; Seijō Daigaku Minzokugaku Kenkyūjo, ed., *Nihon no shokubunka*, pp. 14, 294, 549.

44 Seijō Daigaku Minzokugaku Kenkyūjo, ed., *Nihon no shokubunka*, pp. 358, 392; Seijō Daigaku Minzokugaku Kenkyūjo, ed., *Nihon no shokubunka hoi hen*, pp. 85, 176.

45 Seijō Daigaku Minzokugaku Kenkyūjo, ed., *Nihon no shokubunka*, pp. 106–7, 180, 207, 258, 607; Seijō Daigaku Minzokugaku Kenkyūjo, ed., *Nihon no shokubunka hoi hen*, p. 100.

46 Seijō Daigaku Minzokugaku Kenkyūjo, ed., *Nihon no shokubunka hoi hen*, p. 118; Seijō Daigaku Minzokugaku Kenkyūjo, ed., *Nihon no shokubunka*, pp. 70, 232, 414.

47 B. F. Johnston, *Japanese Food Management in World War Two* (Palo Alto, ca, 1953), p. 85; Takeuchi Yukiko, 'Chōri to jendā', in *Shokubunka kara shakai ga wakaru!*, ed. Yano Keiichi (Tokyo, 2009), pp. 101–46, p. 122.

48 Simon Partner, *Toshié: A Story of Village Life in Twentieth-century Japan* (Berkeley, ca, 2004), p. 133.

49 For a discussion of the revival of local foods as local cuisines from the 1960s, see Rath, *Japan's Cuisines*, pp. 154–64.

50 Ōkawa, *Gendai sushigaku sushiology*, p. 341.

51 Santōsha, *Shokuseikatsu dēta sōgō tōkei nenpyō 2016* (Tokyo, 2016), p. 266.

52 Hashimoto Kenji, *Izakaya horoyoi kōgengaku* (Tokyo, 2014), pp. 100, 103, 108.

53 Sasaki Michio, *Yakiniku no bunkashi: Yakiniku, horumon, naizō to shinjitsu* (Tokyo, 2012), p. 87.

54 Ōkawa, *Gendai sushigaku sushiology*, p. 123; Shinoda Osamu, *Sushi no hon* (Tokyo, 2002), pp. 84–5.

55 Jordan Sand, 'How Tokyo Invented Sushi', in *Food and the City*, ed. Dorothée Imbert (Washington, dc, 2014), pp. 231–2.

56 Vaclav Smil and Kazuhiko Kobayashi, *Japan's Dietary Transition and Its Impacts* (Cambridge, ma, 2012), p. 182.

57 For a discussion of this book, see Rath, *Japan's Cuisines*, pp. 156–7.

58 Nakagawa Noriko, *Nihon no kyōdo ryōri* (Tokyo, 1974), pp. 30, 69.

59 Ōkawa, *Gendai sushigaku sushiology*, pp. 392–3.

60 Ibid., pp. 388–9.

61 Ogawa, *Sushi samurai ga iku!*, p. 37.

62 Ibid., pp. 22–3.

63 Hirotaka Matsumoto, *Nyū Yōku Takesushi monogatari* (Tokyo, 1995), p. 78.

64 Katarzyna J. Cwiertka, 'From Ethnic to Hip: Circuits of Japanese Cuisine in Europe', *Food and Foodways*, xiii/4 (2005), pp. 241–72, pp. 254, 255.

65 Theodore C. Bestor, 'Kaiten-zushi and Konbini: Japanese Food Culture in the Age of Mechanical Reproduction', in *Fast Food/ Slow Food: The Cultural Economy of the Global Food System*, ed. Richard Wilk (Lanham, md, 2006), pp. 115–30, p. 120.

66 Kon, *Famrirī resutoran*, pp. 249–50; Agence France-Presse, 'Yoshiaki Shiraishi, 87, Sushi Innovator', *New York Times*, www.nytimes.com, 31 August 2001.

67 Ōkawa, *Gendai sushigaku sushiology*, p. 131.

68 Santōsha, *Shokuseikatsu dēta sōgō tōkei nenpyō 2016*, p. 262.

69 Ogawa, *Sushi samurai ga iku!*, p. 27.

70 *Gaishoku Sangyō o Tsukutta Hitobito* Henshū Iinkai, ed., *Gaishoku sangyō o tsukutta hitobito* (Tokyo, 2005), pp. 185–92.

71 'Kigyō gaiyō', https://kozosushi.co.jp, accessed 15 June 2020.

72 Yoshioka Yō, 'Kozōzushi ga utsusu, "mochikaeri sushi" gyōtai no genkai', *Nikkei bijinesu*, 29 March 2019, accessed through https://business.nikkei.com, 15 July 2019.

73 Santōsha, *Shokuseikatsu dēta sōgō tōkei nenpyō 2016*, p. 263.

74 Smil and Kobayashi, *Japan's Dietary Transition and Its Impacts*, pp. x, 2, 36–7, 94, 189.

75 Lindsay Whipp, 'The Sushi Summit: Obama in Japan', *Financial Times*, www.ft.com, 23 April 2014.

76 *Michelin Guide*, cited through https://gm.gnavi.co.jp, accessed 15 June 2020.

77 'Dining at Jiro', www.sushi-jiro.jp, accessed 15 June 2020.

第五章 席捲全球的壽司風潮

1 Statistics Bureau of Japan, www.stat.go.jp, accessed 23 August 2019. I appreciate the help of James Farrer and Michiko Ito in navigating this database.

2 Ministry of Agriculture, Forestry and Fisheries, 'Kaigai ni okeru Nihon resutoran no kazu', www.maff.go.jp, accessed 22 July 2019; Ministry of Agriculture, Forestry and Fisheries, 'Kaigai ni okeru Nihon resutoran no kazu (2017 nen)', in Santōsha, *Shokuseikatsu dēta sōgō tōkei nenpyō 2019* (Tokyo, 2019), p. 186.

3 James Farrer et al., 'Japanese Culinary Mobilities: The Multiple Globalizations of Japanese Cuisine', *Routledge Handbook of Food in Asia*, ed. Cecilia Leong-Salobir (London, 2019), pp. 39–57, p. 41.

4 'Eel, Seaweed in Sandwich', *Los Angeles Times*, 29 December 1957, p. D8.

5 Theodore C. Bestor, 'How Sushi Went Global', *Foreign Policy*, no. 121 (2000), pp. 54–63, p. 57.

6 Ujita Norihiko, *Amerika ni Nihonshoku bunka o kaikasaseta samuraitachi* (Tokyo, 2008), p. 141.

7 Koyama Shūzō, 'Nihon ryōriten no rekishi to bunpu', in *Rosuanjerusu no Nihon ryōriten: Sono bunka jinruigaku kenkyū*, ed. Ishige Naomichi et al. (Tokyo, 1985), pp. 25–47, pp. 26–8.

8 Ōkawa Tomohiko, *Gendai sushigaku sushiology*: *Sushi no rekishi to sushi no ima ga wakaru* (Tokyo, 2008), p. 124.

9 Senkichiro Katsumata, *Notes on Japanese Cuisine* (Tokyo, 1946), p. 2.

10 Koyama, 'Nihon ryōriten no rekishi to bunpu', p. 33.

11 Ibid., p. 32.

12 Welly Shibata, 'Chords and Discords', *Shin Sekai*, 14 May 1932, https://hojishinbun.hoover.org, accessed 20 November 2019.

13 'Sushi House in New Location', *The Rafu Shimpo*, 6 October 1933, p. 6, accessed through www.eastview.com, 4 October 2019.

14 National Park Service, 'Little Tokyo Historic District', www.nps.gov, accessed 22 November 2019.

15 Tsuyoshi Matsumoto, 'We Want Show Windows for Showing', *The Rafu Shimpo*, 2 April 1940, accessed through www.eastview. com, 4 October 2019.

16 Koyama, 'Nihon ryōriten no rekishi to bunpu', p. 36.

17 Matsumoto Hirotaka, *Nyū Yōku Takesushi monogatari* (Tokyo, 1995), p. 28.

18 Hui Manaolana, *Japanese Foods (Tested Recipes)* (Honolulu, hi, 1956), pp. 56, 110, 112.

19 Craig Claiborne, 'Restaurants on Review: Variety of Japanese Dishes Offered, But Raw Fish is Specialty on Menu', *New York Times*, 11 November 1963, p. 37; Craig Claiborne, 'New Yorkers Take to Tempura and Chopsticks With Gusto', *New York Times*, 10 March 1966, p. 22.

20 Hui Manaolana, *Japanese Foods (Tested Recipes)*, pp. 10, 34, 37.

21 Matsumoto, *Nyū Yōku Takesushi monogatari*, pp. 28–9.

22 Kay Loring, 'Front Views and Profiles', *Chicago Tribune*, 8 March 1968, p. C3.

23 Trevor Corson, *The Zen of Fish: The Story of Sushi, from Samurai to Supermarket* (New York, 2007), p. 46.

24 Ujita, *Amerika ni Nihonshoku bunka o kaikasaseta samuraitachi*, p. 142. Ishige Naomichi dates the appearance of a sushi case in 'restaurant K' in Little Tokyo to 1962. Ishige Naomichi, 'Nihon shokuhin kyōkyū suru hitobito', in *Rosuanjerusu no Nihon ryōriten: Sono bunka jinruigaku kenkyū*, ed. Ishige Naomichi et al. (Tokyo, 1985), pp. 195–208, p. 202.

25 Koyama, 'Nihon ryōriten no rekishi to bunpu', pp. 37, 39.

26 Matsumoto, *Nyū Yōku Takesushi monogatari*, pp. 138–9.

27 Craig Claiborne, 'For Feasting on Sushi, There's a Restaurant in Osaka', *New York Times*, 10 December 1968, p. 52.

28 Craig Claiborne, 'The Wonders of Sushi', *Chicago Tribune*, 10 July 1975, p. A10.

29 Matsumoto, *Nyū Yōku Takesushi monogatari*, p. 80.

30 Andrew Gordon, A *Modern History of Japan: From Tokugawa Times to the Present*, 3rd edn (New York, 2014), pp. 290–91.

31 Krishnendu Ray, 'Ethnic Succession and the New American Restaurant Cuisine', in *The Restaurants Book: Ethnographies of Where We Eat*, ed. David Beriss and David Sutton (New York, 2007), pp. 97–114, p. 103.

32 Barry Hillenbrand, 'From the Folks Who Brought You Sony Comes a Fishy Ritual in the Raw', *Chicago Tribune*, 24 March 1980, pp. E1–2.

33 Jane Salzfass Freiman, 'Sushi: A "Fast-Food" Fish Dish from Japan', *Chicago Tribune*, 12 May 1978, pp. B1, B3–B4.

34 Suzanne Hamlin, 'Sushi: A Japanese Import That's Here to Stay', *Chicago Tribune*, 25 September 1980, p. B17E.

35 Sasha Issenberg, *The Sushi Economy: Globalization and the Making of a Modern Delicacy* (New York, 2007), p. 99.

36 Japan External Trade Organization (jetro), 'Heisei sanjūnendo Beikoku ni okeru Nihonshoku resutoran dōkō chōsa', 2018, www.jetro.go.jp.

37 'Sushi', Urban Dictionary, www.urbandictionary.com, accessed 30 July 2019.

38 Bryan Miller, 'One Old-timer, One Just Opened', *New York Times*, 24 July 1987, p. c26.

39 Farrer et al., 'Japanese Culinary Mobilities: The Multiple Globalizations of Japanese Cuisines', pp. 45, 47; Robert Ji-Song Ku, *Dubious Gastronomy: The Cultural Politics of Eating Asian in the usa* (Honolulu, hi, 2014), pp. 44–7.

40 Jonas House, 'Sushi in the United States, 1945–1970', *Food and Foodways*, xxvi/1 (2018), pp. 40–62, p. 58.

41 Ku, *Dubious Gastronomy*, p. 22.

42 'Genroku Sushi Restaurant [Menu]', 1985, New York Public Library, http://menus.nypl.org, accessed 11 July 2019.

43 Issenberg, *The Sushi Economy*, pp. 72–3.

44 Matsumoto, *Nyū Yōku Takesushi monogatari*, pp. 189–90.

45 jetro, 'Heisei sanjūnendo Beikoku ni okeru Nihonshoku resutoran dōkō chōsa', 2018, www.jetro.go.jp.

46 Ray, 'Ethnic Succession and the New American Restaurant Cuisine', p. 112.

47 Krishnendu Ray, *The Ethnic Restaurateur* (London, 2016), pp. 82–3, 108.

48 Laresh Jayasanker, *Sameness in Diversity: Food and Globalization in Modern America* (Berkeley, ca, 2020), p. 15.

49 Farrer et al., 'Japanese Culinary Mobilities: The Multiple Globalizations of Japanese Cuisines', p. 48.

50 James Farrer et al., 'Japanese Culinary Mobilities Research: The Globalization of the Japanese Restaurant', *Foods and Food Ingredients*, ccxxii/3 (2017), pp. 256–66, p. 260.

51 Ogawa Hirotoshi, *Sushi samurai ga iku! Toppu sushi shokunin ga sekai o mawariaruite mite kita* (Tokyo, 2018), pp. 14, 15, 38.

52 Rumi Sakamoto and Matthew Allen, 'There's Something Fishy About That Sushi: How Japan Interprets the Global Sushi Boom', *Japan Forum*, xxiii/1 (2011), pp. 99–121, pp. 108–11.

53 Eric C. Rath, *Japan's Cuisines: Food, Place and Identity* (London, 2016), pp. 17–33.

54 World Sushi Skills Institute, https://wssi.jp, accessed 12 July 2019.

55 Sushi Police, http://sushi-police.com, accessed 26 July 2019.

56 Farrer et al., 'Japanese Culinary Mobilities: The Multiple Globalizations of Japanese Cuisine', p. 46.

57 jetro, 'Eikoku (Rondon) ni okeru Nihonshoku resutoran jittai chōsa: Nihon resutoran no intabyū kara', 2015, www.jetro.go.jp.

58 'Eating Japanese', *The Times*, 26 July 1965, p. 13, The Times Digital Archive, www.gale.com/c/the-times-digital-archive, accessed 11 July 2019.

59 Farrer et al., 'Japanese Culinary Mobilities Research', p. 260.

60 Katarzyna J. Cwiertka, 'From Ethnic to Hip: Circuits of Japanese Cuisine in Europe', *Food & Foodways*, xiii/4 (2005), pp. 241–72, pp. 256–7.

61 Ibid., pp. 256–7.

62 jetro, 'Eikoku (Rondon) ni okeru Nihonshoku resutoran jittai chōsa', 2015, www.jetro.go.jp.

63 jetro, 'Itaria (Mirano) ni okeru Nihonshoku resutoran jittai chōsa: Nihon resutoran no intabyū kara', 2015, www.jetro.go.jp.

64 Ewa Czarniecka-Skubina and Dorota Nowak, 'Japanese Cuisine in Poland: Attitudes and Behaviour Among Polish Consumers', *International Journal of Consumer Studies*, xxxviii/1 (2014), pp. 62–8, p. 63.

65 Farrer et al., 'Japanese Culinary Mobilities Research', p. 261.

66 Yoshiko Nakano, 'Eating One's Way to Sophistication: Japanese Food, Transnational Flows, and Social Mobility in Hong Kong', in *Transnational Trajectories in East Asia: Nation, Citizenship, and Region*, ed. Y. N. Soysal (New York, 2014), pp. 106–29, pp. 108, 110, 114.

67 Naruse Uhei, *Yonjūnana todōfuken gyoshoku bunka hyakka* (Tokyo, 2011), p. 3.

68 Conrad Totman, *Japan: An Environmental History* (New York, 2014), p. 138.

69 Jordan Sand, 'How Tokyo Invented Sushi', in *Food and the City*, ed. Dorothée Imbert (Washington, dc, 2014), pp. 223–48, p. 234.

70 Roderick I. Wilson, 'Placing Edomae: The Changing Environmental Relations of Tokyo's Early Modern Fishery', *Resilience: A Journal of the Environmental Humanities*, iii (2015–16), pp. 242–89, p. 261.

71 Harada Nobuo, *Edo no shokuseikatsu* (Tokyo, 2003), pp. 190, 194.

72 Sand, 'How Tokyo Invented Sushi', p. 239.

73 Vaclav Smil and Kazuhiko Kobayashi, *Japan's Dietary Transition and Its Impacts* (Cambridge, ma, 2012), p. 177.

74 Ibid., pp. 174, 175.

75 Sand, 'How Tokyo Invented Sushi', p. 244.

76 Smil and Kobayashi, *Japan's Dietary Transition and Its Impacts*, p. 180.

77 Totman, *Japan: An Environmental History*, pp. 207, 267–8; Smil and Kobayashi, *Japan's Dietary Transition and Its Impacts*, p. 174.

78 Wilson, 'Placing Edomae', pp. 269, 273.

79 Food and Agriculture Organization of the United Nations (fao), *Fishery and Aquaculture Statistics* 2016 (Rome, 2018), p. 9, www.fao.org.

80 Smil and Kobayashi, *Japan's Dietary Transition and Its Impacts*, p. 179.

81 Food and Agriculture Organization of the United Nations (fao), 'Europe, the Ocean and Feeding the World', 20 March 2018, www.fao.org.

82 Cited in International Labour Organization, 'Caught at Sea: Forced Labour and Trafficking in Fisheries', pp. 4–5, www.ilo.org, accessed 30 July 2019.

83 Both views are explained in Becky Mansfield, 'Is Fish Health Food or Poison? Farmed Fish and the Material Production of Un/Healthy Nature', Antipode, xliii/2 (2010), pp. 413–34.

84 Smil and Kobayashi, *Japan's Dietary Transition and Its Impacts*, p. 184.

85 Food and Agriculture Organization of the United Nations (fao), 'Increasing Transparency of Fisheries to Enhance Sustainability of Oceans and Ecosystem Management', 2019, www.fao.org.

86 Food and Agriculture Organization of the United Nations (fao), 'Impacts of Climate Change on Fisheries and Agriculture', 2019, www.fao.org.

87 Mansfield, 'Is Fish Health Food or Poison?', pp. 420, 423, 426–8.

88 Shingo Hamada and Richard Wilk, *Seafood: Ocean to the Plate* (New York, 2019), p. 119.

89 Nicholas S. Fisher et al., 'Evaluation of Radiation Doses and Associated Risk from the Fukushima Nuclear Accident to Marine Biota and Human Consumers of Seafood', *Proceedings of the National Academy of Sciences*, cx/26 (2013), pp. 10670–75.

90 Mark P. Little et al., 'Measurement of Fukushima-related Radioactive Contamination in Aquatic Species', *Proceedings of the National Academy of Sciences*, cxiii/14 (2016), pp. 3720–21.

91 Marcus Woo, 'Food in Fukushima Is Safe, but Fear Remains', *Wired Magazine*, www.wired.com, 12 March 2015.

92 Ministry of Health, Labour and Welfare, 'Post 3/11: Food Safety in Japan', www.mhlw.go.jp, accessed 23 November 2016.

93 The report does acknowledge that, since 2017, for freshwater species eight samples from Fukushima and three from other prefectures have exceeded limits. See Ministry of Agriculture, Forestry and Fisheries, 'fy 2017 Trends in Fisheries: fy 2018 Fisheries Policy White Paper on Fisheries: Summary', p. 26, www.maff.go.jp, accessed 1 August 2019.

94 Ministry of Agriculture, Forestry and Fisheries, 'fy 2015 Annual Report on Food, Agriculture and Rural Areas in Japan', 2016, p. 35, www.maff.go.jp. It should be noted that references to radiation testing are not mentioned in the fy 2017 and fy 2018 reports.

95 For a study of those dissenting voices, see Aya Hirata Kimura, *Radiation Brain Moms and Citizen Scientists: The Gender Politics of Food Contamination After Fukushima* (Durham, nc, 2016).

96 Food and Agriculture Organization of the United Nations (fao), 'Microplastics in Fisheries and Aquaculture', 2019, www.fao.org.

97 Ibid.; Becky Mansfield, 'Environmental Health as Biosecurity: "Seafood Choices", Risk, and the Pregnant Woman as Threshold', *Annals of the Association of American Geographers*, cii/5 (2012), pp. 969–76, p. 970.

98 Mansfield, 'Is Fish Health Food or Poison?', pp. 424–5.

99 Food and Agriculture Organization of the United Nations (fao), 'Eliminating Child Labour in Fisheries and Aquaculture: Promoting Decent Work and Sustainable Fish Value Chains', 2018, www.fao.org.

100 International Labour Organization, 'Caught at Sea: Forced Labour and Trafficking in Fisheries', pp. v, 14.

101 Malden C. Nesheim and Ann L. Yaktine, eds, *Seafood Choices: Balancing Benefits and Risks* (Washington, dc, 2007), pp. 166, 168.

102 Food Standards Agency, 'Freezing Fish and Fishery Products', www.food.gov.uk, accessed 13 December 2019.

103 Hamada and Wilk, *Seafood*, p. 10.

104 Yosho Fukita, Tsutoshi Asaki and Yoshiki Katakura, 'Some Like It Raw: An Unwanted Result of a Sushi Meal', *Gastroenterology*, cxlvi/5 (2014), pp. e8–e9.

105 Yukifumi Nawa, Christoph Hatz and Johannes Blum, 'Sushi Delights and Parasites: The Risk of Fishborne and Foodborne Parasitic Zoonoses in Asia', *Clinical Infectious Diseases*, xli/9 (2005), pp. 1297–1303, pp. 1297, 1298, 1301.

106 For a catalogue of the major diseases from eating fish and shellfish, see Hamada and Wilk, Seafood, pp. 5–7, 9.

107 American Heart Association, 'How Much Sodium Should I Eat Per Day', www.heart.org, accessed 1 August 2019.

108 The information in this table is from the following websites: Dillons Food Stores, www.dillons.com, accessed 31 July 2019; Hyvee Aisle Online, www.hy-vee.com, accessed 20 June 2020; www.mcdonalds.com, accessed 31 July 2019.

109 Danny Penman, 'Sushi: The Raw Truth', *Daily Mail*, 4 April 2006, p. 41.

第六章 壽司的未來？

1 *Yomiuri Shimbun*, 'Japanese Urged to Eat Troublesome Bluegills', 23 November 2007, republished in *East Bay Times*, www.eastbaytimes.com, accessed 7 August 2019.

2 Nick Visser, 'Eat the Enemy: The Delicious Solution to Menacing Asian Carp', *Huffington Post*, www.huffpost.com, 6 December 2016.

精選書目

Akano Hirofumi, '"Narezushi" kara "Edomaezushi" e no shinka to sono fukugen ni tsuite', *Nihon chōri kagaku kaishi*, xli/3 (2008), pp. 214–17

Bestor, Theodore C., 'How Sushi Went Global', *Foreign Policy*, 121 (2000), pp. 54–63

—, 'Kaiten-zushi and Konbini: Japanese Food Culture in the Age of Mechanical Reproduction', in *Fast Food/Slow Food: The Cultural Economy of the Global Food System*, ed. Richard Wilk (Lanham, md, 2006), pp. 115–30

—, *Tsukiji: The Fish Market at the Center of the World* (Berkeley, ca, 2004) Corson, Trevor, *The Zen of Fish: The Story of Sushi, from Samurai to Supermarket* (New York, 2007)

Cwiertka, Katarzyna J., *Cuisine, Colonialism and Cold War: Food in Twentieth-century Korea* (London, 2012)

—, 'From Ethnic to Hip: Circuits of Japanese Cuisine in Europe', *Food and Foodways*, xiii/4 (2005), pp. 241–72

Czarniecka-Skubina, Ewa, and Dorota Nowak, 'Japanese Cuisine in Poland: Attitudes and Behaviour Among Polish Consumers', *International Journal of Consumer Studies*, xxxviii/1 (2014), pp. 62–8

Ebara Kei, *Edo ryōrishi kō: Nihon ryōri (sōsōski)* (Tokyo, 1986)

—, *Ryōri monogatari kō: Edo no aji konjaku* (Tokyo, 1991)

Ehara Ayako, Ishikawa Naoko and Higashiyotsuyanagi Shōko, *Nihon shokumotsushi* (Tokyo, 2009)

Farrer, James et al., 'Japanese Culinary Mobilities: The Multiple Globalizations of Japanese Cuisine', in *Routledge Handbook of Food in Asia*, ed. Cecilia Leong-Salobir (London, 2019), pp. 39–57

—, 'Japanese Culinary Mobilities Research: The Globalization of the Japanese Restaurant', *Foods & Food Ingredients*, ccxxii/3 (2017), pp. 256–66

Fisher, Nicholas S., et al., 'Evaluation of Radiation Doses and Associated Risk from the Fukushima Nuclear Accident to Marine Biota and Human Consumers of Seafood', *Proceedings of the National Academy of Sciences*, cx/26 (2013), pp. 10670–75

Food and Agriculture Organization of the United Nations (fao), 'Eliminating Child Labour in Fisheries and Aquaculture: Promoting Decent Work and Sustainable Fish Value Chains', 2018, www.fao.org

—, 'Europe, the Ocean and Feeding the World', 20 March 2018, www.fao.org

—, *Fishery and Aquaculture Statistics* 2016 (Rome, 2018), www.fao.org

—, 'Impacts of Climate Change on Fisheries and Agriculture', 2019, www.fao.org

—, 'Increasing Transparency of Fisheries to Enhance Sustainability of Oceans and Ecosystem Management', 2019, www.fao.org

—, 'Microplastics in Fisheries and Aquaculture', 2019, www.fao.org

Fujimoto, Taizo, *The Nightside of Japan* (London, 1915)

Fujita, Chieko, 'Funa Zushi', *The Tokyo Foundation*, www.tkfd.or.jp, accessed 10 June 2020

Fukita, Yosho, Tsutoshi Asaki and Yoshiki Katakura, 'Some Like It Raw: An Unwanted Result of a Sushi Meal', *Gastroenterology*, cxlvi/5 (2014), pp. e8–e9

Gaishoku Sangyō o Tsukutta Hitobito Henshū Iinkai, ed., *Gaishoku sangyō o tsukutta hitobito* (Tokyo, 2005)

Gordon, Andrew, A *Modern History of Japan: From Tokugawa Times to the Present*, 3rd edn (New York, 2014)

Gōrui nichiyō ryōrishō, in Nihon ryōri hiden shūsei: Genten gendaigoyaku, vol. i, ed. Issunsha (Kyoto, 1985), pp. 95–217

Hamada, Shingo, and Richard Wilk, *Seafood: Ocean to the Plate* (New York, 2019)

Harada Nobuo, *Edo no ryōrishi: Ryōribon to ryōri bunka* (Tokyo, 1989)

—, *Edo no shokuseikatsu* (Tokyo, 2003)

—, 'Edo no tabemonoya: Furiuri kara ryōrijaya made', in *Rakugo ni miru Edo no shokubunka*, ed. Tabi no Bunka Kenkyūkaijo (Tokyo, 2000), pp. 105–27

Hashimoto Kenji, *Izakaya no sengoshi* (Tokyo, 2014)

—, *Izakaya no sengoshi* (Tokyo, 2015)

Hashimoto Michinori, ed., *Saikō funazushi no rekishi* (Hikone, 2016)

Hayakawa Hikari, *Nihon ichi Edomaezushi ga wakaru hon* (Tokyo, 2009)

Hibino Terutoshi, *Nihon sushi kikō: Makizushi to inarizushi to Sukeroku to* (Tokyo, 2018)

—, *Sushi no kao: Jidai ga motometa aji no kakumei* (Tokyo, 1997)

—, *Sushi no rekishi o tazuneru* (Tokyo, 1999)

Hirotaka Matsumoto, *Nyū Yōku Takesushi monogatari* (Tokyo, 1995)

Hōchō kikigaki, in *Nihon ryōri hiden shūsei: Genten gendaigoyaku*, vol. xviii, ed. Issunsha (Kyoto, 1985), pp. 87–96

Hosking, Richard, *A Dictionary of Japanese Food: Ingredients and Culture* (Rutland, vt, 1996)

House, Jonas, 'Sushi in the United States, 1945–1970', *Food and Foodways*, xxvi/1 (2018), pp. 40–62

Huang, Hsing-Tsung, *Science and Civilisation in China*, vol. vi: *Biology and Biological Technology, Part v: Fermentation and Food Science* (Cambridge, 2000)

Huffman, James L., *Down and Out in Late Meiji Japan* (Honolulu, hi, 2018)

Hui Manaolana, *Japanese Foods (Tested Recipes)* (Honolulu, hi, 1956)

Iino Ryōichi, *Sushi, tempura, soba, unagi: Edo yon daimeibutsu no tanjō* (Tokyo, 2016)

Ishige Naomichi, 'Nihon shokuhin kyōkyū suru hitobito', in *Rosuanjerusu no Nihon ryōriten: Sono bunka jinruigaku kenkyū*, ed. Ishige Naomichi et al. (Tokyo, 1985), pp. 195–208

Ishige Naomichi and Kenesu Raduru, *Gyoshō to narezushi no kenkyū: Monsūn Ajia no shokuji bunka* (Tokyo, 1990)

Ishizumi Harunosuke, *Asakusa keizaigaku* (Tokyo, 1933)

Issenberg, Sasha, *The Sushi Economy: Globalization and the Making of a Modern Delicacy* (New York, 2007)

Japan External Trade Organization (jetro), 'Eikoku (Rondon) ni okeru Nihonshoku resutoran jittai chōsa: Nihon resutoran no intabyū kara', 2015, www.jetro.go.jp

—, 'Heisei sanjūnendo Beikoku ni okeru Nihonshoku resutoran dōkō chōsa', 2018, www.jetro.go.jp

Jayasanker, Laresh, *Sameness in Diversity: Food and Globalization in Modern America* (Berkeley, ca, 2020)

Johnston, B. F., *Japanese Food Management in World War Two* (Palo Alto, ca, 1953)

Katsumata, Senkichiro, *Notes on Japanese Cuisine* (Tokyo, 1946)

Kimura, Aya Hirata, *Radiation Brain Moms and Citizen Scientists: The Gender Politics of Food Contamination After Fukushima* (Durham, nc, 2016)

Kinoshita Masashi, 'Manyō jidai no shokuseikatsu', in *Tabemono no kōkogaku*, ed. Kawano Shinjirō, Kinoshita Masashi and Tamura Koichi (Tokyo, 2007), pp. 85–133

Kitagawa Kisō (Morisada), *Morisada mankō*, ed. Asakura Haruhiko and Kashiwa Shūichi (Tokyo, 1992), 5 vols

Koizumi Seizaburō, *Katei sushi no tsukekata* (Tokyo, 1910)

Kon Tōji, *Famrirī resutoran: 'Gaishoku' no kingendaishi* (Tokyo, 2003)

Konjaku monogatarishū, vol. iv, in *Shinpen Nihon koten bungaku taikei*, vol. xxxviii, ed. Mabuchi Kazuo, Kunisaki Fumimaro and Inagaki Tai'ichi (Tokyo, 2002)

Koyama Shūzō, 'Nihon ryōriten no rekishi to bunpu', in *Rosuanjerusu no Nihon ryōriten: Sono bunka jinruigaku kenkyū*, ed. Ishige Naomichi et al. (Tokyo, 1985), pp. 25–47

Ku, Robert Ji-Song, *Dubious Gastronomy: The Cultural Politics of Eating Asian in the usa* (Honolulu, hi, 2014)

Little, Mark P., et al., 'Measurement of Fukushima-related Radioactive Contamination in Aquatic Species', *Proceedings of the National Academy of Sciences*, cxiii/14 (2016), pp. 3720–21

Mansfield, Becky, 'Environmental Health as Biosecurity: "Seafood Choices", Risk, and the Pregnant Woman as Threshold', *Annals of the Association of American Geographers*, cii/5 (2012), pp. 969–76

—, 'Is Fish Health Food or Poison? Farmed Fish and the Material Production of Un/Healthy Nature', Antipode, xliii/2 (2010), pp. 413–34

Matsumoto Hirotaka, *Nyū Yōku Takesushi monogatari* (Tokyo, 1995)

Matsushita Sachiko, *Zusetsu Edo ryōri jiten* (Tokyo, 1996)

Matsushita Sachiko and Yoshikawa Seiji, 'Koten ryōri no kenkyū (2): Ryōri anbaishū ni tsuite', *Chiba daigaku kyōiku gakubu kenkyū kiyō*, xxv/2 (1975), pp. 166–218

Matsuzaki Tenmin, *Tōkyō tabearuki*, republished in *Gurume annaiki*, ed. Kondō Hiroko (Tokyo, 2005), pp. 1–132

Meguro Hidenobu, *Sushi no gijutsu taizen* (Tokyo, 2013)

Ministry of Agriculture, Forestry and Fisheries (maff), 'fy 2015 Annual Report on Food, Agriculture and Rural Areas in Japan' (2016), www.maff.go.jp, accessed 1 August 2019

—, 'fy 2017 Trends in Fisheries: fy 2018 Fisheries Policy White Paper on Fisheries: Summary', www.maff.go.jp, accessed 1 August 2019

—, 'Kaigai ni okeru Nihon resutoran no kazu', www.maff.go.jp, accessed 22 July 2019

Miyoshi Ikkō, *Edo seigyō bukka jiten* (Tokyo, 2002)

Nagase Ganosuke, *Sushi tsū* (Tokyo, 1984)

Nakagawa Noriko, *Nihon no kyōdo ryōri* (Tokyo, 1974)

Nakano, Yoshiko, 'Eating One's Way to Sophistication: Japanese Food, Transnational Flows, and Social Mobility in Hong Kong', in *Transnational Trajectories in East Asia: Nation, Citizenship, and Region*, ed. Y. N. Soysal (New York, 2014), pp. 106–29

Naruse Uhei, Yonjūnana todōfuken: Gyoshoku bunka hyakka (Tokyo, 2011)

Nawa, Yukifumi, Christoph Hatz and Johannes Blum, 'Sushi Delights and Parasites: The Risk of Fishborne and Foodborne Parasitic Zoonoses in Asia', *Clinical Infectious Diseases*, xli/9 (2005), pp. 1297–303

Nesheim, Malden C., and Ann L. Yaktine, eds, *Seafood Choices: Balancing Benefits and Risks* (Washington, dc, 2007)

Nōsan Gyoson Bunka Kyōkai, ed., *Sushi narezushi*, in *Kikigaki furusato katei ryōri*, vol. i (Tokyo, 2002)

Ogawa Hirotoshi, *Sushi samurai ga iku! Toppu sushi shokunin ga sekai o mawariaruite mite kita* (Tokyo, 2018)

Ohnuki-Tierney, Emiko, *Rice as Self: Japanese Identities Through Time* (Princeton, nj, 1993)

Okada Tetsu, *Tabemono no kigen jiten* (Tokyo, 2002)

Ōkawa Tomohiko, *Gendai sushigaku sushiology: Sushi no rekishi to sushi no ima ga wakaru* (Tokyo, 2008)

Okumura Ayao, 'Kaisetsu', *in Sushi narezushi, in Kikigaki furusato katei ryōri, vol. i, ed. Nōsan Gyoson Bunka Kyōkai* (Tokyo, 2002), pp. 235–53

Okuyama Masurō, *Mikaku hyōgen jiten: Nihon ryōri* (Tokyo, 2001)

Osimani Andrea, et al., 'Unveiling Hákarl: A Study of the Microbiota of the Traditional Icelandic Fermented Fish', *Food Microbiology*, lxxxii (2019), pp. 560–72

Partner, Simon, *Toshié: A Story of Village Life in Twentieth-century Japan* (Berkeley, ca, 2004)

Rath, Eric C., *Food and Fantasy in Early Modern Japan* (Berkeley, ca, 2010)

—, *Japan's Cuisines: Food, Place and Identity* (London, 2016)

—, 'The Tastiest Dish in Edo: Print, Performance, and Culinary Culture in Early Modern Japan', *East Asian Publishing and Society*, iii/2 (2013), pp. 184–214

Ray, Krishnendu, *The Ethnic Restaurateur* (London, 2016)

—, 'Ethnic Succession and the New American Restaurant Cuisine', in *The Restaurants Book: Ethnographies of Where We Eat*, ed. David Beriss and David Sutton (New York, 2007), pp. 97–114

Ryōri monogatari, in *Nihon ryōri hiden shūsei: Genten gendaigoyaku*, vol. i, ed. Issunsha (Kyoto, 1985), pp. 5–92

Ryōri no sho, in *Nihon ryōri hiden shūsei: Genten gendaigoyaku*, vol. xviii, ed. Issunsha (Kyoto, 1985), pp. 145–64

Sakamoto, Rumi, and Matthew Allen, 'There's Something Fishy About That Sushi: How Japan Interprets the Global Sushi Boom', *Japan Forum*, xxiii/1 (2011), pp. 99–121

Sand, Jordan, 'How Tokyo Invented Sushi', in *Food and the City*, ed. Dorothée Imbert (Washington, dc, 2014), pp. 223–48

Santōsha, *Shokuseikatsu dēta sōgō tōkei nenpyō 2016* (Tokyo, 2016)

—, *Shokuseikatsu dēta sōgō tōkei nenpyō 2019* (Tokyo, 2019)

Sasaki Michio, *Yakiniku no bunkashi: Yakiniku, horumon, naizō to shinjitsu* (Tokyo, 2012)

Seijō Daigaku Minzokugaku Kenkyūjo, ed., *Nihon no shokubunka hoi hen: Shōwa shoki, zenkoku shokuji shūzoku no kiroku* (Tokyo, 1995)

—, *Nihon no shokubunka: Shōwa shoki, zenkoku shokuji shūzoku no kiroku* (Tokyo, 1990)

Shijōryū hōchōsho, in *Nihon ryōri hiden shūsei: Genten gendaigoyaku*, vol. xviii, ed. Issunsha (Kyoto, 1985), pp. 47–69

Shinoda Osamu, *Sushi no hon* (Tokyo, 2002)

Shiraki Masamitsu, *Dai Tōkyō umaimono tabearuki*, republished in *Gurume annaiki*, ed. Kondō Hiroko (Tokyo, 2005), pp. 135–644

Shūkan Asahi, ed., *Shin nedan no fūzokushi: Meiji, Taishō, Shōwa* (Tokyo, 1990)

Smil, Vaclav, and Kazuhiko Kobayashi, *Japan's Dietary Transition and Its Impacts* (Cambridge, ma, 2012)

Solt, George, *The Untold History of Ramen: How Political Crises in Japan Spawned a Global Food Craze* (Berkeley, ca, 2014)

Sugino Gonuemon, *Meihan burui*, in *Nihon ryōri hiden shūsei: Genten gendaigoyaku*, vol. ix, ed. Issunsha (Kyoto, 1985), pp. 211–72

Tada Taeko and Imai Kunikatsu, *Satoyama no sansai: Ko no mi handobukku* (Tokyo, 2013)

Takeuchi Yukiko, 'Chōri to jendā', in *Shokubunka kara shakai ga wakaru!*, ed. Yano Keiichi (Tokyo, 2009), pp. 101–46

Tanaka Seiichi, Kojima Re'eitsu and Ōta Yasuhiro, eds, *Semin yōjutsu: Genson suru saiko no ryōrisho* (Tokyo, 1997)

Tōkyō Gurakubu, *Saishin Tōkyō annai* (Tokyo, 1907)

Tōkyō Shoin, *Taishō eigyō benran* (Tokyo, 1914)

Totman, Conrad, *Japan: An Environmental History* (New York, 2014)

Ujita Norihiko, *Amerika ni Nihonshoku bunka o kaikasaseta samuraitachi* (Tokyo, 2008)

von Verschuer, Charlotte, *Rice, Agriculture, and the Food Supply in Premodern Japan*, trans. and ed. Wendy Cobcroft (London, 2016)

Wang, Q. Edward, Chopsticks: *A Cultural and Culinary History* (Cambridge, 2015)

Wilson, Roderick I., 'Placing Edomae: The Changing Environmental Relations of Tokyo's Early Modern Fishery', *Resilience: A Journal of the Environmental Humanities*, vol. iii (2015–16), pp. 242–89

Yokoi Kōzō, *Roten kenkyū* (Tokyo, 1931)

Yunoki Manabu, *Sakezukuri no rekishi, shinsōpan* (Tokyo, 2005)

致謝辭

這項企畫最初在英國 Reaktion Books 出版社的出版人麥可・李曼（Michael Leaman）與系列編輯安迪・史密斯（Andy Smith）的提議下，原本要以壽司的全球歷史為題，收錄在該出版社的「食物」系列（Edible series）中。然而，由於最終手稿的字數比分配到的要超出一半，於是麥可與安迪同意讓我獨立出版這本書。對於他們的支持，我十分感激。Reaktion 的艾力克斯・喬巴努（Alex Ciobanu）協助我準備書中的圖片。執行編輯瑪莎・傑伊（Martha Jay）則在製作過程中，從容地給予我引導，並針對如何改進提出建言。

我不確定是否能稱這本書為一本全球歷史書，因為有許多地區無法涵蓋在內。我希望將來有機會重新探究這個主題，或許能和同事們組成團隊，詳細記錄壽司在世界各地的歷史與傳播軌跡。我的研究所學生艾瑞克・船橋（Eric Funabashi）向我提供了許多「巴西壽司」的圖片，這次無法用到，但屆時我會將它們納入書中。與此同時，我將延續詹姆斯・法勒（James Farrer）的研究，以及東京上智大學的「烹飪流動性」（Culinary Mobilities）研究計畫——後者針對日本食物境外傳播的追溯研究具有領先地位。感謝山繆・山下（James Farrer）讓我能更加認識美國的壽司歷史，特別是加州的部分。他和我分享了他龐大的「壽司檔案」，也閱讀了本書的其中一個章節。我很珍惜我們的友誼。

另一位多年好友兼同事湯姆・勒溫（Tom Lewin），欣然讀完了整份手稿，並提供了他的見解：要是少了他，不論是這本書，或是我在堪薩斯州的學術生活，都會變得貧乏許多。米蘭達・布朗（Miranda Brown）針對中國的壽司歷史給予我指引。我很感謝她和王晴佳（Q. Edward Wang）為我解答中國古代穀物方面的問題。謝謝喬丹・桑德（Jordan Sand）幫我找到了一張關鍵圖片。也謝謝堪薩斯大學東亞圖書館（University of Kansas East Asia Library）的伊藤美智子（Michiko Ito）協助我取得這本書的插圖，以及為該圖書館擴增日本食物研究的館藏。瑞克・哈爾彭（Rick Halpern）的眼光獨到，我很感謝他願意讓我在書中放入他的攝影作品。日式餐廳 Slurping Turtle 的主廚名倉正（Tadashi Nagura）和攝影師卡拉・麥克弗森（Kara McPherson）也很大方地讓我使用他們的照片。最後，我要特別感謝羅傑・下村（Roger Shimomura）允許我在封面和內文中使用他的畫作。

描寫壽司的歷史令我想起高中時初次吃壽司的經驗，也想起在那之後不久，我又回到同一家餐廳，成功說服我爸吃了一個加州卷，儘管他感到很忐忑不安。壽司是一種會創造回憶的食物。很高興我在投入這項企畫時，回憶起許多和家人朋友的聚餐。我很珍惜和他們一起享用壽司的時光。

在這本書的開始與結尾，有關鮒壽司的部分討論是採用較早期的書寫形式，就和飲食研究期刊 *Gastronomica* 中的一篇論文一樣（'Some Tasting Notes on Year-old Sushi: Funazushi, Japan's Most Ancient and Potentially Its Most Up-to-date Sushi', Gastronomica: The Journal for Food Studies, XX/I

(2020), pp. 34-41）。感謝堪薩斯大學的東亞研究中心（Center for East Asian Studies）、國際課程事務處（Office of International Programs）和歷史系所給予的支持。歷史系不僅在我為這本書做準備時，贊助了我在 2019 年的一趟日本研究之旅，也為我支付了部分插圖的授權金。在赴日研究期間，當地的飲食專家格雷格．德．聖莫里斯（Greg de St Maurice）以及滋賀縣咖啡廳「琵琶湖的女兒們」老闆娘中川知美，皆向我提供協助。前現代日本研究（Premodern Japanese Studies，簡稱 PJS）的成員則幫我解決了「沉重」的重量單位問題。

我要將這本書獻給我的學生，特別是有修「壽司的歷史」課程的大學生。我除了在堪薩斯大學定期教授這門課程外，在密西根大學（University of Michigan）也曾以豐田客座教授（Toyota Visiting Professor）的身分，在日本研究中心開過這堂課。我希望我的學生對他們所吃的食物能進行深度思考，並朝著改善世界的目標邁進。

註：致謝辭中提及的圖片可參考美國版的《壽司的歷史》（OISHII: THE HISTORY OF SUSHI）。

索引

壽司的歷史 OISHII: THE HISTORY OF SUSHI

從古代發酵魚到現代生魚片，技術、食材與食譜的美味探索

作者　埃里克・拉斯（Eric C. Rath）
翻譯　張雅億
責任編輯　謝惠怡
美術設計　郭家振
行銷企劃　張嘉庭

發行人　何飛鵬
事業群總經理　李淑霞
社長　饒素芬
圖書主編　葉承享

國家圖書館出版品預行編目（CIP）資料

壽司的歷史：從古代發酵魚到現代生魚片,技術、食材與食譜的美味探索/埃里克.拉斯(Eric C. Rath)作；張雅億翻譯. -- 初版. -- 臺北市：城邦文化事業股份有限公司麥浩斯出版：英屬蓋曼群島商家庭傳媒股份有限公司城邦分公司發行, 2024.11
面；　公分
譯自：Oishii : the history of sushi
ISBN 978-626-7558-41-6(平裝)

1.CST: 飲食風俗 2.CST: 日本

538.7831　113016329

出版　城邦文化事業股份有限公司麥浩斯出版
E-mail　cs@myhomelife.com.tw
地址　115 台北市南港區昆陽街 16 號 7 樓
電話　02-2500-7578

發行　英屬蓋曼群島商家庭傳媒股份有限公司城邦分公司
地址　115 台北市南港區昆陽街 16 號 5 樓
讀者服務專線　0800-020-299（09:30 ～ 12:00；13:30 ～ 17:00）
讀者服務傳真　02-2517-0999
讀者服務信箱　Email: csc@cite.com.tw
劃撥帳號　1983-3516
劃撥戶名　英屬蓋曼群島商家庭傳媒股份有限公司城邦分公司

香港發行　城邦（香港）出版集團有限公司
地址　香港九龍九龍城土瓜灣道 86 號順聯工業大廈 6 樓 A 室
電話　852-2508-6231
傳真　852-2578-9337

馬新發行　城邦（馬新）出版集團 Cite（M）Sdn. Bhd.
地址　41, Jalan Radin Anum, Bandar Baru Sri Petaling, 57000 Kuala Lumpur, Malaysia.
電話　603-90578822
傳真　603-90576622

總經銷　聯合發行股份有限公司
電話　02-29178022
傳真　02-29156275

製版印刷　凱林彩印股份有限公司
定價　新台幣 430 元／港幣 143 元
2024 年 11 月初版一刷
ISBN　978-626-7558-41-6（平裝）